"转型领导力"三部曲 ①

上任第一年

从业务骨干向优秀管理者转型

杨继刚　白丽敏　王毅 著

机械工业出版社
CHINA MACHINE PRESS

从业务骨干到了管理岗位，就一定能胜任吗？本书通过角色与定位、误区与真相、技能与方法三大模块，系统梳理和总结了新任管理者面临的现实挑战和典型问题，通过大量的工具、方法和解决方案，帮助新任管理者完成角色转型，走好职业转型的关键一步。

本书核心内容已先后在 73 家世界 500 强企业与 165 家中国优秀企业落地实践，为新任管理者提供"百科全书"式转型解决方案，适合正在向新身份过渡的新任管理者阅读。

图书在版编目（CIP）数据

上任第一年：从业务骨干向优秀管理者转型/杨继刚，白丽敏，王毅著. —北京：机械工业出版社，2019.7（2024.4 重印）

ISBN 978-7-111-63611-3

Ⅰ. ①上… Ⅱ. ①杨… ②白… ③王… Ⅲ. ①企业管理 Ⅳ. ①F272

中国版本图书馆 CIP 数据核字（2019）第 195272 号

机械工业出版社（北京市百万庄大街 22 号　邮政编码 100037）
策划编辑：解文涛　　责任编辑：解文涛
责任校对：李　伟　　责任印制：张　博
三河市宏达印刷有限公司印刷
2024 年 4 月第 1 版第 11 次印刷
170mm×242mm · 14.25 印张 · 1 插页 · 167 千字
标准书号：ISBN 978-7-111-63611-3
定价：58.00 元

电话服务　　　　　　　　　　　网络服务
　　　　　　010-88361066　　　机 工 官 网：www.cmpbook.com
　　　　　　010-88379833　　　机 工 官 博：weibo.com/cmp1952
　　　　　　010-68326294　　　金 书 网：www.golden-book.com
封底无防伪标均为盗版　　　　　机工教育服务网：www.cmpedu.com

道理简单，可为什么做起来很难？

原因之一是，很多业务骨干执着于低头拉车，非常享受业务突破、技术革新所带来的成就感。而如果通过管理团队获得绩效，则需要了解员工所长、激发员工意愿、提升员工能力、提高资源匹配等，哪一步都需要投入时间和精力，有时反而出力不讨好，费时又费神，还不如自己做来得容易。当这种逻辑固化为思维定式和行为方式时，所谓的管理工作就成了累赘，转型就变得更加艰难。

1974年，《哈佛商业评论》发表了一篇题为《谁背上了猴子》的重磅文章。历经40余年，这篇文章也成为《哈佛商业评论》历史上重印最多的两篇文章之一。文章用"背上的猴子"（monkey-on-the-back）来形容下级的工作任务，探讨管理者的时间管理，追问管理者的时间都去哪儿了，为什么很多本该下级背负的"猴子"（工作任务或责任），最后都跑到管理者身上，造成了"领导总是没时间，下级总是没工作"的管理错位。

这也是很多业务骨干转型为管理者后所遇到的典型困境之一。如果管理者陷入具体业务不能自拔，哪还有时间和精力来思考团队建设，来梳理流程再造，来推动战略执行，来进行团队创新。因此，每当上级来质问管理者，为何重点工作毫无进展时，管理者总是愁容满面地说：我通常"白加黑、五加二"全负荷工作，已经筋疲力尽，业务的事都忙不完，哪还有时间考虑团队？

可是，很多时候当事人忘记了，他的身份是管理者。如果只关注业务，不关心管理，会造成角色错位、管理失当，甚至会出现"该做的没做，不该做的全做"的尴尬局面。长此以往，那些管理者的新鲜感荡然无存，随之而来的，是数不清的工作缠身，忙不完的大会小会，搞不定的奇葩员工，完不成的团队绩效，哪还有什么管理成就感可言。

十年来，在对几十家世界 500 强和上百家中国优秀企业的管理咨询与培训实践中，我有幸与很多优秀的职业经理人对话和沟通，并通过他们了解到管理者转型中的经验和教训。在给包括三星、苹果、壳牌、奥迪、松下、西门子、中海、中信、正大、一汽、中建、中电投、东风、联通、现代、摩比斯、中国通服、工商银行、康迪泰克、万科、华侨城、本田、北汽、吉利、新浪、佳能、奇瑞、方太、江森、广汇、国机、海航、上汽通用五菱、长安马自达等在内的一大批优秀企业实施领导力转型培训过程中，我也有幸见证了很多业务骨干、技术大咖、市场精英们向优秀管理者转型成功。他们掌握了系统的管理技能和方法，回归真正的管理角色，实现了团队绩效增长，为公司培养了优秀人才。很多经理人已经顺利晋级为公司中层管理者、事业部负责人和企业高管等。这些来自一线的管理实践经验，值得更多的管理者学习和分享。

同时，在移动互联时代，新任管理者还面临 95 后（未来会有 00 后）等新生代员工的管理挑战。集体主义与个人主义，统一思想与激活个体，职业经理人与事业合伙人，这些新的碰撞正在催生组织又一轮管理变革。此外，以微信、钉钉、微博为代表的社交媒介，正在快速改变传统的邮件管理方式，改变传统的上下级权力分配格局，改变组织发展模式。海尔的创客模式，万科的事业合伙人机制，正在成为移动互联时代组织生态的新变局。这种情况下，如何用好 95 后等新生代员工，如何顺应移动互联时代的管理趋势，也成为新任管理者面临的现实挑战。

正因为如此，帮助那些由业务骨干、技术大咖、市场精英晋级而来的管理者，早点走出角色误区，胜任管理使命，提升管理效率，提高团队产出等，才显得尤为重要。在中国企业全面进入供给侧改革的大背景下，去产能的核心，意味着管理升级，意味着转型加速，意味着战略变革。管理者，尤其是新任管理者，更成为企业转型的关键角色。

本书通过角色与定位、误区与真相、技能与方法三大模块，系统梳理和总结了新任经理人面临的现实挑战和典型问题，通过大量的工具、方法和解决方案，帮助新任管理者完成角色转型。在书稿写作过程中，我也获得了很多客户的鼎力相助，他们为本书提供了鲜活的案例、一线的经验和实践的方法，为本书的写作添砖加瓦。感谢白丽敏、王毅在写作过程中的鼎力相助，感谢"玄奘之路"创始人、行知探索集团董事长曲向东先生，中国民生银行集团金融事业部总经理马琳先生，58到家首席人才官、《非你莫属》Boss团成员段冬先生、平安集团团体综合金融管理委员会副秘书长宋涛先生的大力支持，感谢知行韬略全体同事的支持，感谢香港城市大学商学院老师和EMBA同学们的鼓励，感谢"玄奘之路"戈壁挑战赛历届"戈友"们所给予的启迪，朋友们给予的温暖和鼓励，激励我继续在转型的道路上躬身实践。

最后，我还要感谢我的家人，你们是我奋斗前行的全部力量和源泉，我爱你们。

由于时间仓促、水平有限，不足之处在所难免，恳请各位读者不吝赐教，定当不断学习、改进提高。

杨继刚
2019年3月1日
北京

目 录

自序　业务骨干，就一定能成为优秀管理者吗

第一部分　新任管理者的三大管理角色与定位

第一章　恭喜你，升职了——什么变了，什么没变　/ 003

一、新任管理者要应对的三大变化　/ 004

二、新任管理者要理解的三大期待　/ 005

三、新任管理者要烧的"三把火"　/ 006

第二章　理解你，好累哟——岗位换了，角色变了　/ 011

一、第一大角色：业绩驱动者　/ 012

二、第二大角色：团队打造者　/ 016

三、第三大角色：文化凝聚者　/ 019

第三章　告诉你，都是泪——转型不易，转身很难　/ 025

一、新任管理者角色转型的三大问题　/ 026

二、新任管理者要特别警惕两个管理极端　/ 029

第四章　相信你，能做好——勤奋有道，完美有度　/ 038

一、只靠勤奋，真能解决管理者的问题吗　/ 039

二、假装完美无缺，真能缓解管理者的痛苦吗　/ 042

IX

第二部分　新任管理者的四大管理误区与真相

第五章　管理误区与真相之一——管理者，不是当保姆，

　　　　而是当教练　/ 051

　　一、为什么新任管理者喜欢当"保姆"　/ 052

　　二、团队出现"过敏综合征"的三大症状及解决办法　/ 053

　　三、"说教式"管理的三大假设　/ 056

第六章　管理误区与真相之二——管理者，不是加班狂，

　　　　而是给授权　/ 061

　　一、天天加班，管理者应该做的两个反思　/ 062

　　二、有效授权的三个管理假设　/ 064

　　三、三大授权误区　/ 067

　　四、"让一线指挥炮火"要避免的三大问题　/ 071

　　五、有效授权应建立的三大配套体系　/ 072

第七章　管理误区与真相之三——管理者，不是养猴子，

　　　　而是分责任　/ 076

　　一、管理者喜欢"养猴子"的四个原因　/ 077

　　二、什么样的管理者最容易被下级"扔猴子"　/ 079

　　三、避免下级"扔猴子"的七个方法　/ 082

第八章　管理误区与真相之四——管理者，不是"老好人"，

　　　　而是定规则　/ 087

　　一、管理者喜欢做"老好人"的三大原因　/ 088

　　二、新任管理者如何避免陷入"老好人"的管理误区　/ 089

　　三、为什么上级的"我帮忙"，会变成员工的"你应该"　/ 091

　　四、"好心遭遇白眼狼"的两大真相及解决方案　/ 093

五、为什么管理者"关键时刻无法按下 Delete"　／095

第三部分　新任管理者的八大管理技能与方法

第九章　技能与方法之一——目标管理，

　　　　不是加减乘除那么简单　／103

　　一、目标来源的四大视角　／104

　　二、目标管理的四个层次　／106

　　三、目标的两个典型区分　／108

　　四、平衡计分卡的四大体系　／110

　　五、目标管理的五大转化　／113

第十章　技能与方法之二——工作委派，

　　　　说得清做得到才真管用　／120

　　一、为什么要做工作委派　／121

　　二、没能推进工作委派的三大原因　／122

　　三、什么样的任务适合管理者进行工作委派　／123

　　四、管理者如何进行工作委派　／125

第十一章　技能与方法之三——有效沟通，

　　　　　对牛弹琴真不是牛的错　／132

　　一、新任管理者常见的三大沟通陷阱　／133

　　二、造成团队沟通问题的三大典型障碍　／134

　　三、新任管理者应掌握的高效沟通五大方法　／137

第十二章　技能与方法之四——辅导下级，

　　　　　因人而异真的特别重要　／145

　　一、新任管理者辅导下级的三大典型问题　／146

　　二、新任管理者辅导下级的三个真相　／152

XI

第十三章　技能与方法之五——节点检查，
既要做检查还要建信任 / 160

一、建立检查机制的三个维度 / 162

二、如何避免"检查影响团队信任度"的问题 / 166

三、建立上下级信任的四大方法 / 170

第十四章　技能与方法之六——高效激励，
绝不等于胡萝卜加大棒 / 175

一、新任管理者要警惕的团队激励三大误区 / 176

二、新任管理者要掌握的高效激励三大特性 / 180

三、新任管理者要掌握的高效激励三大策略 / 183

第十五章　技能与方法之七——高效执行，
说到做不到哪里有问题 / 190

一、团队执行力出问题的三个原因 / 191

二、打造团队执行力难在哪里 / 192

三、提升团队执行力的五大优秀做法 / 194

第十六章　技能与方法之八——人才培养，
让优秀的人才脱颖而出 / 203

一、新任管理者要警惕的人才培养三大误区 / 204

二、关于人才识别，新任管理者要了解的两个真相 / 205

三、在人才培养上，管理者要"过三关" / 206

新任管理者的三大管理角色与定位

第一章

恭喜你,升职了——什么变了,什么没变

> **问题导读:**
> 1. 对新任管理者而言,什么变了,什么没变
> 2. 作为新任管理者,你了解公司和领导的期待吗
> 3. 作为新任管理者,你了解员工和同事的期待吗
> 4. 新官上任,该烧哪三把火,哪些火不能随便烧
> 5. 你身边的转型榜样是谁,哪些方面最值得学习

升职了,可喜可贺!

一方面,这说明公司和组织充分肯定你过去的工作成绩,在公司看来,你不仅可以创造专业岗位的绩效,还可以在更高层面带领团队实现突破,这是何等的认可和荣光。

另一方面,也说明公司和组织对你充满期待,上级认为你还有更大的创造力,还有更多的可能性,恰好是目前解决团队问题的最佳人选。因此,人们通常会用"新官上任三把火"来形容他们的期待。

这就给了新任管理者两种不同的角色体验。一种体验是,新角色带来的兴奋和新鲜感。过去是自己做事,现在是带领大家做事,职位本身能赋予新任管理者更多的角色体验。另一种体验是,在新的岗位无所适从,不知道从何做起,一边焦虑一边摸索,有时头破血流,有时笑逐颜开,痛并快乐着。

更大的挑战还在后面。在上级看来，既然你能脱颖而出，成为团队管理者，自然就能辅助上级解决目前的业务问题和团队问题；在下级看来，既然能当领导，肯定有两把刷子，肯定有过人之处，也想见识见识你的厉害之处。一句话，短时间内出业绩、能服众，就成了新任管理者破局的关键。

一、新任管理者要应对的三大变化

对于新任管理者而言，当下最重要的任务，是真正搞清楚，什么变了，什么没变。

到底什么变了？

第一，角色变了。

过去是业务骨干，现在是管理者；过去是一人吃饱，全家不饿，现在不能独善其身，而要兼济团队，你自己强不算强，团队强才算强。从低头拉车，到抬头看路，角色彻底变了。

第二，认知变了。

过去往往站在业务层面解问题、想办法，现在需要从团队和管理角度看业务、管团队。有时，你还需要更进一步站在上级的立场想问题、提方案、做决策。认知变了，管理思路就会发生变化。

第三，问题变了。

过去面对的问题，更多集中在业务本身，变量相对单一，现在要看整个团队的问题。

角色变了，认知变了，问题变了。可想而知，当人们在为新任管理者的到来鼓掌欢迎时，管理者本人却没有那么轻松愉悦。他必须尽快打开局面，找到突破口，让团队信服，让领导放心。问题是，到底该从哪里寻找突破口？都说新官上任三把火，作为新任管理者，该烧哪三把火？如何才能让火烧旺，让工作尽快进入正轨？

二、新任管理者要理解的三大期待

在正式讨论新任管理者该烧哪三把火这个问题之前，我们要给大家解读一下新任管理者所面临的各方期待，管理者明白了各方期待，他的三把火才会烧到位，才会进入角色胜任的良性轨道。那么，新任管理者会面对哪些期待？

首先，是来自公司及领导的期待。

要知道，新任管理者往往是领导推荐、公司任命的。既然如此，领导和公司一定对你有所期待。搞清楚这些期待，会让新任管理者明确自己的角色和使命。因此，上任之前的领导谈话是必要的。要提醒新任管理者的是，在得到公司和领导的授命后，要把自己的担忧以及所需要的资源支持反馈给领导，哪怕得不到任何资源支持，也要表达自己的诉求。这会让管理者明确接下来的问题解决路径，有些问题需要快马加鞭，有些问题属于当务之急，有些问题可以先放一放。当你能对工作进行排序的时候，工作思路会更加清晰，有助于打开局面，解决问题。

其次，是来自下级和团队的期待。

管理者不能做光杆司令，需要依靠团队协作来解决问题。要想发挥团队的力量，就必须了解下级和团队的期待。如果你接手的是一个业绩或绩效持续增长的团队，那么他们最大的期待是：新来的老大带他们延续增长速度，保证团队成员的职业发展；如果你接手的是一个业绩或绩效平平的团队，那么他们最大的期待是：新来的老大带领他们打破这种增长瓶颈，让团队进入正向增长周期；如果你接手的是一个业绩或绩效很差的团队，那么他们最大的期待是：新来的老大有什么好的办法起死回生，让大家看到希望。因此，新任管理者，需要花时间了解团队，哪些人是标杆与榜样，哪些人是问题员工，哪些人是不上不下的中间层，等等，了解了这些，你接下来的管理工作才会有的放矢。

最后，是来自客户或同级的期待。

如果你接手的是业务部门，那么你最应该了解的是客户的期待。搞清楚客户对现状是否满意，在哪些方面还有改进空间，等等。了解了这些，你的工作才会如鱼得水。如果你接手的是非业务部门，那么你最应该了解的是上下游协作部门的期待。没有上下游协作，公司最终的产出肯定会大打折扣。因此，新任管理者要搞清楚，你的上下游协作部门有哪些，彼此的流程和职责是什么，目前在协作上存在哪些问题，上下游部门对你的部门有什么不满，哪些是客观条件所限，哪些是主观情绪或误解，等等。搞清楚这些，你就理解了本部门改进的重点所在，这会让你集中精力解决当务之急，赢得跨部门协作的突破。

总之，作为新任管理者，面对公司和领导的期待，你最好能在最短时间内证明，公司的任命是正确的；面对下级和团队的期待，你最好能用行动证明，他们的领导是值得追随的；面对客户和同级的期待，你最好能证明，你是值得信任和可靠的合作伙伴。有了这个前提，新任管理者就自然明白，新官上任三把火，该如何烧起来。

三、新任管理者要烧的"三把火"

第一把火，是一线之火。

新任管理者，必须要懂业务，必须要到一线去了解情况，必须到客户那去拜访调研，没有调查，就没有发言权。如果不明白一线的痛苦，不懂得客户的诉求，你的管理就会失去方向和坐标。作为管理者，最核心的是处理两件事，第一是客户满意度，第二是员工满意度。这两件事，都需要去一线查找问题，寻找答案。

华为说，让一线呼唤炮火，海尔说，让一线指挥炮火。就连政府的领导走马上任，首要问题也是走基层，不了解民意，不了解客户，管理者的工作方向就会出现偏差。因此，到一线去，到客户那去，到团队中间去，倾听他们的声音，回应他们的诉求，这要比给出解决方案更重要。

同时，这个过程也是在让客户和员工了解你，了解你的为人处世，了解你的原则立场，距离近了，信任就好建立，如果你总是高高在上，从来不走出办公室，那还谈什么信任。而没有了信任，管理者就听不到真实的声音，看不到问题的真相，也无法真正依靠团队解决问题。因此，无论是哪一个层级的新任管理者，我们都强烈建议他，第一把火从一线烧起，请相信一线的力量。

第二把火，是沟通之火。

要了解情况，除了走一走、看一看，最重要的，还是谈一谈。无论是与客户，还是与下属、团队以及其他部门之间，通过沟通的方式，容易找到问题症结，最终达成共识，寻找突破。

一提到沟通，很多管理者首先想到的是开会。开会当然很重要，但这属于正式沟通。还有一个更重要的沟通方式，叫非正式沟通。相比开会这类正式沟通，非正式沟通更容易拉近关系、加深认识，午餐会、团队建设、主题活动、话题交流等，这类非正式沟通，氛围相对宽松，容易构建信任，利益争执相对较少。从这个角度而言，千万不要小看那些非工作时间的聚餐与话题沟通，从兴趣、爱好、价值观出发，甚至包括一些共同爱好的体育节目，人们更容易找到共鸣，有了信任，有了理解，很多问题就迎刃而解。

因此，新任管理者需要点燃沟通之火。与客户、与下级、与团队、与平级之间，需要进行更广泛深入的沟通，理解他们的立场和诉求，就更容易弥合分歧，化解冲突，这样更容易打开局面，实现团队与跨部门协作。

第三把火，是文化之火。

这里提到的文化，是一个团队需要建立的愿景、使命、价值观。作为管理者，你要把团队带向何方，你的使命是什么，你会给团队带来什么，你的原则是什么，什么是团队赞成的，什么是团队反对的，等等。

总之，有了文化这把火，会让团队在愿景、使命、价值观层面更加清晰地认识管理者。处理问题，管理者会不会拖泥带水，是更看重公平，还是喜欢玩内部平衡；是对事不对人，还是对人不对事；是老好人作风，还是敢当坏人；是客户为先，还是只看上级脸色，等等。从下级的角度而言，这些行为，能让大家在最短的时间内认识新任管理者，他们会据此调整自己的行为，不仅为了适应管理者的风格，更为了保全自己的利益。因此，管理者处理类似问题时所体现的原则与价值观，会给团队带来清晰的信号。文化之火，管理者要坚定，要明确，要给团队信心和希望，这也是三把火中最难烧的一把火，也正是因为难，才成为新任管理者水平高低的分水岭。

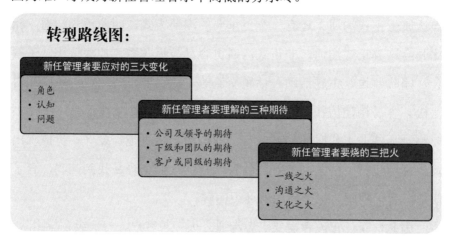

第一章　恭喜你，升职了——什么变了，什么没变

转型工具箱：领导力的 5 个层次

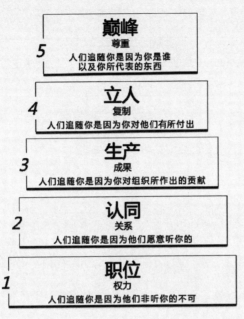

——模型出自《领导力的 5 个层次》，约翰·麦克斯韦尔，金城出版社，2017.1

转型备忘录：

1. 本章学习完毕，让我收获最大的内容是：

2. 接下来，我将要聚焦改进的管理工作是：

3. 为达成更好的管理成果，我的行动措施是：

第二章

理解你，好累哟——岗位换了，角色变了

> **问题导读：**
> 1. 对新任管理者而言，最应该胜任的是什么角色
> 2. 从业绩/绩效角度而言，新任管理者该如何提升绩效
> 3. 从团队/组织角度而言，新任管理者该如何打造团队
> 4. 从文化/心态角度而言，新任管理者该如何凝聚人心
> 5. 深度思考：为什么很多管理者的苦和累，最终没能换来好的结果

不出一个月，新任管理者就会从短暂的升职喜悦中回过神来：任务多了，压力大了，变量增加了，于是你加班的次数越来越多。现实会告诉你，岗位换了，角色变了，累，将成为你的工作常态。

岗位换了，意味着你的工作重心将发生改变。过去的业务岗位（或技术岗位），核心工作是处理业务问题。因此，公司对你的要求是，想尽一切办法，利用一切资源，解决业务（技术）难题。当然，这个过程也会涉及跨部门、跨团队的协作问题，但此时你的角色是单一任务的执行者，你只需协调其他资源为你所用，完成任务。拿到结果是你的终极目的，不会涉及团队分工、任务衔接、部门资源最优化组合等问题。至于完成该项任务在公司层面意味着什么样的战略价值，说实话，即便是老板不厌其烦地重复说给你听，大多数情况下，你还是会格外关心所完成的任务本身，而不是任务所涉及的战略价值，那真的

不在你的意识雷达范围之内。

但，随着岗位变化，你需要跳出来看待任务和问题了。对新任管理者而言，搞清楚为什么做这项任务，安排给谁做，如何才能最有效率、最优化地利用团队内外资源完成这项任务，要比任务的完成过程更重要。因为，新任管理者面对的是一个部门和团队，需要统合综效，最大化利用团队的人财物，进而实现团队最佳绩效。因此，从过去的"搞定任务就算完"到现在的"团队绩效最大化"，新任管理者要告诉自己，你的角色正在发生改变。

一般而言，新任管理者要扮演好三大角色。

一、第一大角色：业绩驱动者

请注意，这里的重点，不是"业绩"本身，而是"驱动"，是驱动团队的人财物等资源进行优化组合进而产生业绩，而不是自己去做业绩。因此，如何驱动团队做业绩，就成为新任管理者的关键使命。

如何驱动团队做业绩？

第一，你需要分解公司战略，细化行动措施。

新任管理者要时刻告诉自己，你的工作目标来源于公司（或上一级部门）战略，只有牢牢把握这个"基本点"，你才能保证团队执行不跑偏、不走样。切记，任何想当然的自作聪明，最终都会证明是浪费你和团队的宝贵时间，和公司（或上一级部门）目标保持一致，真的是新任管理者最大的"讲政治"行为。

在分解公司战略之后，你需要带领团队细化行动措施。这里需要提醒新任管理者的是，一定要让团队参与到目标分解和计划落地之中，不要闭门造车，也不要为了赶时间就省略了团队沟通过程。从管理角度而言，让团队参与到目标分解过程中，不仅可以大大提升员工的参与感，还可以集思广益，让优秀的做法自动涌现出来。作为新任管理者，你要的不是证明自己的思路有多牛，而是想办法拿到最牛的观点，至于这个想法是不是你提出来的，真的不是那么重要。

同时，新任管理者还要记得：达成共识一般都很难。这不仅是因为大家的角色不同、认知不同、对问题的理解能力不同，还涉及员工的情绪和感受。想让团队不带任何感情色彩去参与到决策和沟通中去，这基本不可能。因此，在很长一段时间内，达成共识可能是小概率事件，达不成共识可能是大概率事件。在这种情况下，求同存异就显得特别重要，在先取得小部分共识的基础上，开始进入行动状态，后面的分歧要在执行过程中逐渐解决。千万不要为了所谓的共识贻误战机，也不要因为个别员工的分歧而按兵不动，作为管理者，你总要对决策负责，千万不要以"达成共识"的名义，一味拖延决策。从最容易达成共识的地方入手，从最容易执行的地方入手，从最简单的地方开始行动，这都是新任管理者作为业绩驱动者的关键做法。

第二，你需要激发员工意愿，做到用人所长。

作为管理者，驱动团队最难的事是什么？答案是：员工不想做、不能做、不会做。不想做，是意愿问题；不能做，是能力问题；不会做，是方法问题。在这"三不"当中，最难的莫过于"不想做"的问题，即员工的意愿问题。

为什么这样讲？如果员工想做，那么能力和方法最终都能通过学习和培训来获得，无非是时间长短问题，而只要意愿上想做，管理者所给予的能力训练和方法培训都能很快见到效果。但，如果员工不想做，那么再多的能力和方法培训，都无法激活员工的主动性。员工在被动条件下，很难提升能力和掌握方法，所谓的驱动和管理也就不了了之。

还有，新任管理者要明白，能力和方法，都可以被量化和落地，看得见、摸得着，但员工意愿看不见、摸不着。即便是看员工的日常表现，你也不能完全确信他到底是真想做还是不想做，一旦在这个层面陷入猜测和反复沟通，管理成本就将大大提升。因此，激发员工的意愿，就成为新任管理者的必修课。

除了激发员工意愿，还有重要的一点是用人所长。其实，某种程度而言，激发意愿和用人所长是一码事。越是用人所长，越能激发员工的意愿（甚至不用激发，员工本身就有意愿），越是激发员工意愿，越能用人所长。如果激发意愿是管理者的后发主动，那么用人所长就是管理者的先发主动：越是了解员工的长处，越能将合适的工作任务分配给相关人员，就越能发挥员工的优势，就越能产生优秀的绩效，这才是团队管理的正向循环。

这又会涉及另外一个话题：招聘。如果能在招聘的环节，解决用人所长（发现应聘者的优势）的问题，那么接下来的管理就会事半功倍，这就要求管理者要参与到招聘的面试环节中，哪怕是最后一关的面试。如果新任管理者没有参与员工的面试，那么至少在员工入职或者到岗后，要进行一次有关职业规划的面谈。可以通过案例和情景的方式，深度了解员工的优势，然后在后续的工作安排中，通过任务分配来验证员工的优势，持续进行纠偏，这就能最大限度地做到用人所长。

第三，你需要抓好过程管控，提升协作效率。

别以为目标分解了，计划落地了，措施得当了，结果就自然而然拿到了。天下没有这样的好事，新任管理者要明白，过程管控永远是管理者的重头戏，无论是法约尔还是德鲁克，管理大师们早就定义过过程管控的真正价值所在。因此，新任管理者在分解目标、实施计划后，还要关注过程中的沟通、反馈、辅导和激励，只有将过程管控抓起来，团队绩效才能真正靠谱。

过程管控的难点在哪里？答案是节点纠偏。目标的达成，一定和几个关键节点有关。好比一列火车，只要保证中间几个停靠站的时间进度和安全指标，就可以保证目标的达成。但，如何确认关键节点，不仅是个技术问题，还是个战略问题。如果节点设置过多，下级会觉得上级不信任自己，时不时都来干扰一下，工作还怎么进行？如果节点设置过少，那么上级纠偏的及时性就无法保证，节点的意义就不大了。

同时，对不同的员工而言，同一个任务，涉及的节点可能会不同。这的确存在因人而异的事实，毕竟员工的经验不同、资历不同、能力不同，作为管理者，你不能用同一套过程管控的方法来对待所有员工。否则，要么造成管理过度，要么造成管理不足，这都不是管理者想要的结果。因此，在节点纠偏这件事上，管理者需要因人而异、因事而异。

新任管理者还要抓好另一件事：团队协作。1+1<1、1+1=1、1+1=2、1+1>2，是团队协作的不同结果，对管理者而言，第一种结果不可接受，第二种结果是管理无效，第三种结果是管理一般，第四种结果是管理优秀。这里的区别就在于，能否发挥团队的力量，让团队协作的成果最大化。

对新任管理者而言，提升团队协作能力是个复杂方程式，它不是解决一个变量就能搞定的。团队协作，既和用人所长有关，也和任务分配有关，还有流程再造、资源盘活、计划推进等影响因素。正因为如此，最终衡量管理者绩效产出的，其实就是团队协作效率问题，这也是团队管理的初衷。

二、第二大角色：团队打造者

打造团队，是管理者的核心角色。作为新任管理者，将自身的优秀经验和做法复制到团队，批量打造德才兼备的人才梯队出来，这本身就是公司给你升职的初衷之一。因此，能否实现高效率的团队打造，就成为管理者能否继续晋升的关键考核指标。

作为团队打造者，新任管理者应该做什么？

第一，打造榜样和标杆。

明确告诉团队，谁是我们的榜样，谁是我们的标杆，该向谁学习，学习什么，这是团队打造的首要问题。有人说，应该先确定标准，只有优秀员工的标准确定了，后续的问题才容易解决。这话当然没错，但问题的关键是，在实际管理中，标准需要具体化，抽象的标准很难理解，即便是量化的标准，员工也很难搞清楚所谓的标杆到底是什么。

与其让员工想象，不如给员工现实的参照。当身边的某位员工成为团队标杆的时候，团队的所有员工就会明白，原来这样做才是老板想要的，这才是公司鼓励的行为。因此，所谓的标杆，就一下子具象、落地、可操作了，这会让团队打造工作事半功倍。

另一个层面，要提醒新任管理者的是：要警惕自己成为标杆。很多管理者会认为，作为团队一把手，我当然要业务（技术）第一，这样才能在团队中做表率，以身作则。其实，这样的理解肯定没错，问题在于，在员工看来，管理者做得好是应该的，我们和管理者之间有差距，也是应该的，否则凭什么你成为管理者？

因此，新任管理者要尽可能在团队中选择标杆。之所以这样做，第一是因为员工觉得，同事都能做到，我也可以做到，标杆行为触手可及，人们做到的概率更大；第二是因为标杆不是永久的，而是动态的，你可以成为标杆，下一次我也能成为标杆，标杆不再是高高在上的符号，而是"人人皆可为圣贤"，这样才能真正起到团队打造的作用。

第二，进行标准化复制。

团队打造的核心，除了批量培养人才，另外一个重要的使命是，将优秀做法在团队内部标准化、系统化、流程化，进而形成可复制的技能与方法。或者，可以用时下流行的说法，叫团队经验萃取，这样就形成了团队集体的能力基因，无论人才如何更迭，都可以代际相传。

无论是快餐业的巨擘麦当劳，还是快销品的王者宝洁，团队能力的标准化复制都成为其进行团队打造的核心密码。标准化、流程化、系统化、操作化，正是有了基于团队能力萃取的"四化"建设，才能真正形成"铁打的营盘，流水的兵"。

而问题的难点在于，新任管理者是否有这种意识和行为习惯，是否可以把自己的优秀做法和团队标杆的优秀做法萃取出来，并通过标准化打造，进而变成团队的系统能力。对新任管理者的挑战在于，不要过于留恋过去，尤其是把过去的成功经验"藏"起来，或者心怀"教会徒弟、饿死师傅"的顽固认知，凡事总想留一手，那就会出现大问题。

因此，新任管理者要打破这种狭隘的思维格局，站在更高层面去看待问题。要知道，第一，任何经验终将会"成为往事"，与其让经验过期，不如分享你的经验接受现实的挑战；第二，任何经验都具有局限性，要想让经验实现自我更新，就必须让它在不同的场景下应用，因此，和团队分享你的经验，就可以在更多工作场景下实战应用。

同样的逻辑，也适合团队内部其他标杆。新任管理者要整合团队内部所有的优秀经验和做法，然后进行系统化萃取，进而实现标准化复制，完成从个体强大到团队能力提升的进化，这才是新任管理者胜任团队打造者的正确姿势。

第三，促使团队进化。

我们找不出比"进化"更好的词，来形容新任管理者的"团队打造者"功能。所谓进化，第一层含义是，它是一种持续不断的状态，不是一时的，而是连续的；第二层含义是，它是一种不断适应市场环境、不断调整和转化自我的过程，如果不能适应市场、适应客户，最终团队的宿命就是消亡。

作为新任管理者，该如何帮助团队进化呢？这要分三个层面来推进。

第一个层面是，营造团队进化的环境。

团队人人都想做标杆，人人都想争第一，这样的团队环境，才是不断产出高绩效的根本保障。这就与团队一把手的愿景和价值观有关，你期待打造一个什么样的团队，你就会拥有一个什么样的团队，如果你能给这个团队植入"进化"的基因，那么团队成长速度和质量就会更高，关于这个部分，我们还将在新任管理者"文化凝聚者"的角色中进行展开。

第二个层面是，建立团队进化的机制。

机制的价值在于，通过一系列的流程与运营，让团队进入自我进化状态。比如，很多企业采取PK模式、业绩排行榜模式、技能大赛模式等，这种通过建立某种规则，然后再通过奖罚的方式，让团队优胜劣汰的做法，就是团队进化机制的最普遍表现形式。但对新任管理者而言，机制不等于奖罚，奖罚只是机制的一部分，如果你把机制等同于奖罚，就会陷入"考勤困境"（企业通过奖罚的方式做员工考勤，结果最后大家直接用交罚款的方式解决问题，却没能提升员工考勤和职业化水平）。

第三个层面是，形成团队进化的氛围。

如果管理者营造了团队进化的环境，建立了团队进化的机制，那么接下来就要学会保持团队进化的氛围。环境也需要不断更新，机制也需要与时俱进，千万不要一套模式管到底，对当下的新生代员工而言，保持新鲜度、改进频次、创新形式等，也是团队进化的基本要求。话又说回来，作为管理者，你期待团队进化，而你的制度从来不进化，这也实在说不过去吧。

三、第三大角色：文化凝聚者

终于要谈文化问题了。其实，和新任管理者的前两个角色（业绩驱动者、团队打造者）相比，"文化凝聚者"的角色最难担当，也最容易产生混淆，毕竟"文化"这种看起来"高大上"的用语，也最容易发虚、作假、走形式。

作为新任管理者，我们必须回答三个现实问题：什么是团队文化？什么是文化凝聚者？如何做好文化凝聚者？

关于第一个问题，什么是团队文化。

简单地说，一个团队的行为与做事方式，就是团队文化。谷歌的"不作恶"是一种文化，这种文化深刻影响了谷歌的战略决策（做什么，不做什么）和员工行为（什么是对的，什么是错的）；万科的"健康丰盛的人生"是一种文化，这种文化成为万科每一次战略变革的线索以及影响员工做事方式的坐标；华为的"以奋斗者为本"是一种文化，这种文化成为华为市场拓展的座右铭，也成为华为评价员工敬业度的重要标准。

关于第二个问题，什么是文化凝聚者。

作为团队管理者，要学会通过文化打造来凝聚人心，带领团队形成一种积极向上的行为方式，并通过愿景、使命、价值观的建立，让团队认可并跟随，最终达成目标，实现梦想。对新任管理者而言，担当"文化凝聚者"有"三难"。

第一难：如果你接手的是一个老团队，这就意味着团队文化是既成事实。

你是延续和继承原有的团队文化，还是要打造新的团队文化？问题的关键在于，你要对照新的目标和愿景来进行比较，而不是依照自己的兴趣和喜好，这一点，做起来比说起来难得多。

第二难：团队文化不是管理者的独角戏，既需要管理者的刻意引导和训练，也需要团队成员的深度参与。

如果团队文化变成了墙上的口号，或者管理者一厢情愿的想象，那么团队文化的价值就荡然无存。因此，如何从公司愿景和员工目标角度找到交集，如何调动员工的文化参与度，这要比单纯的能力培养要难得多。

第三难：团队文化不是雾里看花，也不是一朝一夕就能形成的。

要想凝聚团队，必须从关键事件抓起，而且要形成团队的集体记忆，最终形成团队共同坚守的价值信条和行为方式。最大的变量，其实是时间，新任管理者要做好准备，你需要付出很多时间和精力去打造文化，需要全身心参与进来，而且要忍得住寂寞，坚持下去才能有真正的文化凝聚，这也是优秀公司的成功启示之一。

关于第三个问题，如何做好团队文化凝聚者。新任经理人要抓住三个关键。

第一个关键是，以身作则做表率。

大多数情况下，团队文化的发起者，往往是管理者本人。毕竟，管理者是团队的第一责任人。因此，作为发起者，你要告诉团队，哪些行为是正确的，哪些行为是错误的，而且你要带头做到，你做到了，团队才会有信心，才会对文化认真，否则，那就是讲给团队听的故事和口号而已。

这里要提醒新任管理者的是，你所倡导的团队行为方式不宜过多。团队文化必须简单明了、清楚直接、指向明确。太多的条条框框，那就不是团队文化，而是规章制度，少而精，才是团队文化凝聚的前提。

第二个关键是，重要事件做标准。

为什么是重要事件？因为重要事件更能引起重视，员工在团队的重要事件中更能对团队文化印象深刻。何谓重要事件？凡是团队重大的成功或失败事件，凡是引发团队意见分歧或激烈冲突的事件，凡是涉及公司战略执行和重要转型事件等，一般都可视为团队的重要事件。在这种情况下，员工的注意力更集中，期待值更高，如果管理者可以据此确立团队文化标准，明确什么是对的，什么是错的，什么是我们坚持的，什么是我们反对的，更能让员工印象深刻。

事实上，无论是IBM（郭士纳上任后的72小时价值观研讨）、英特尔（在芯片和微处理器市场的定位与取舍），还是联想（收购IBM电脑后首次国际化失利）、海尔（当年的砸冰箱事件）等企业，都会借助发生的重要事件进一步明确团队文化，提升团队凝聚力和战斗力。

第三个关键是，文化宣导重复做。

有人说，谎话重复一万遍就是真理。这句话尽管偏颇，却道出了"重复"的力量。在团队文化宣导中，没有什么比"重复"更重要的措施和手段，这就和"一万小时定律"里讲到的"刻意练习"是一个意思。没有日复一日、年复一年的重复，想让团队文化成为员工行为的潜意识和习惯，当真是难上加难。

可能新任管理者会有一个担忧：这不就成"洗脑"了吗？其实，这种担心大可不必。首先，文化是一种选择，无论是招聘还是培训，选择文化认同感更强的员工，本来就是企业的责任。而员工选择一家企业，也会看重这家企业的文化是否"气味相投"，如果不喜欢，双方都可以"用脚投票"。其次，文化是一种认知，认知是重复出来的，单靠一两次示范，很难改变旧认知，而当企业的目标与战略升级后，相应的员工能力和认知要进行升级。大多数情况下，管理者都能想到员工能力的升级，却很少意识到员工认知也需要升级，这也是很多企业的战略很清楚却陷入转型困境的原因之一。

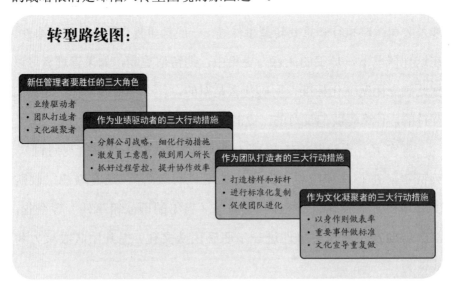

转型工具箱：团队发展阶段模型（Stages of Team Development）

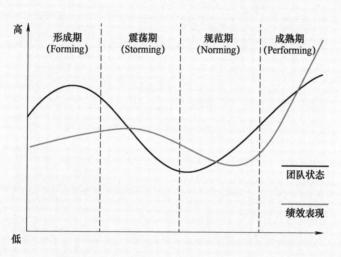

——模型出自《小型团队的发展序列》（*Developmental Sequence in Small Groups*），

布鲁斯·塔克曼（Bruce Tuckman），1965

转型备忘录：

1. 本章学习完毕，让我收获最大的内容是：

   _____
   _____
   _____
   _____

2. 接下来，我将要聚焦改进的管理工作是：

   _____
   _____
   _____
   _____

3. 为达成更好的管理成果，我的行动措施是：

_____

_____

_____

_____

第三章

告诉你，都是泪——转型不易，转身很难

> 问题导读：
> 1. 过于注重业务成就感，会给新任管理者带来哪些问题
> 2. 为什么管理者不应该沉迷于"救火队长"的成就感
> 3. 凡事亲力亲为，对管理者的好处是什么，坏处是什么
> 4. 在什么情况下，管理者可以做甩手掌柜
> 5. 在《人民的名义》中，达康书记的哪些做法会导致管理问题

搞清楚自己该扮演三大角色，是一回事，能不能做到，是另一回事。很多新任管理者告诉我们，角色转型最大的痛苦在于：明明知道要按照新的岗位角色做事，但一出手仍然会不自觉地延续过去的做法。这个时候，我往往会告诉他：你的成就感，还没有转移。

千万不要小看成就感。俗话说，你的成就感在哪里，你的成就就在哪里。这话听起来很拗口，但现实往往不止一次验证这句话的奇妙所在。喜欢埋头钻研的人，对做事取得成果的成就感，远远大于人际关系本身的成就感；反过来，偏好人际关系的人，对人际关系改善的成就感，远远大于做事取得成果的成就感。一个演戏特别成功的演员，成功转型为优秀导演的概率反而很小；一个技术水平超高的员工，成功转型为优秀管理者的概率也不大。究其原因，不是因为后者的角色胜任难度高，而是因为成就感使然，前一个角色的成就感越强，往后

一个角色转型的难度就越大，正所谓：转型不易，转身很难。

我们就从过去热播的电视剧《人民的名义》说起。剧中的主角之一李达康书记，是典型的从业务骨干转型而来的管理者，他最大的特点，就是喜欢亲力亲为：亲自抓修路、基建和规划，甚至可以把之前的城市规划全盘否定。网上关于"达康书记"的表情包和流行语铺天盖地，比如"达康书记别低头，GDP 会掉""达康书记的 GDP，我来守护"等，这就把达康书记重业绩、重结果、重业务的特征表现得淋漓尽致。

显然，"达康书记"的成就感一定在业务层面。作为管理者，重业务无可厚非，毕竟关系到组织的持续发展问题，没有 GDP（业绩），组织要喝西北风了。但，如果只重业务，不重团队培养，则会出现另外的极端：剧中，"达康书记"的下属有的畏罪潜逃国外（丁义珍副市长），有的干脆不作为（光明区区长孙连城），甚至连自己的老婆都东窗事发（受贿）。整部剧下来，作为观众，你很难看到李达康的团队贡献，更多的只是"达康书记"个人的亲力亲为、鞠躬尽瘁。

这就是典型的业务成就感问题。如果不抓业务，公司和上级一定不高兴，但如果只抓业务不管团队建设，公司和上级更不高兴。从角色角度来看，作为新任管理者，在从业务骨干向管理者岗位转型之后，首先要做的，就是建立团队管理成就感：一手抓业务管理，一手抓团队管理，两手抓，两手都要硬，这才是管理者的应有之义。

一、新任管理者角色转型的三大问题

那么，问题来了，为什么很多管理者还是对"业务成就感"温情脉脉，而对"管理成就感"视而不见？到底哪里出了问题？

问题一：角色认知混淆——做管理，当然要抓业务，没有业绩，

老板很生气。

一位优秀的管理者,当然需要抓业绩,因此,看重业务、看重业绩很正常。但作为管理者,更要解决的问题是:业绩从哪来——如果业绩仅仅是自己贡献,那不要管理也罢,但所有的管理者,都需要团队创造业绩。而如何让团队创造业绩,如何提升团队效率,如何提高团队绩效,这些才是团队业绩的真正关键所在。

因此,从自己独立做业绩,到驱动团队出业绩,最大的改变是角色。我们常说的一句话是:用自己的才华赚钱,叫个体户;用别人的才华赚钱,叫管理者。既然你已经选择成为管理者,那么调动团队的积极性,提升团队的整体产出,才是管理者该做的事。

有的管理者会说:你真是站着说话不腰疼,我要是有人可用,为什么还要自己亲力亲为呀。不就是因为无人可用,才亲自上阵,你以为我愿意呀。

这话对了一半。暂时无人可用,一定是现实,开始阶段,或者新业务探索阶段,管理者避免不了亲自上阵的情况。但如果半年之后、一年之后,这种情况毫无改观,甚至管理者早已变身部门的救火队长,手下依然无人可用,那就是管理者的问题了。不要忘了,作为管理者,其应有之意即是:激活团队内外资源,培养和辅导员工技能,解决目标与绩效问题,并培养人才梯队。

在这个问题上,管理者首先要有清醒的角色认知,一旦认知错位,后续问题就无法解决。而建立正确的管理认知,恰恰是最容易被管理者忽视的,因为在很多人看来,只要拥有了管理者头衔,管理就会顺其自然——没想到,这可能是管理者最大的认知误区。

问题二:角色胜任乏力——抓业务轻车熟路,搞管理焦头烂额,与其焦头烂额、疲惫不堪,不如轻车熟路,信手拈来。

管理者上任没几天，问题接踵而至——有的员工在项目中带着情绪进行沟通，有的员工挑战团队规则，有的员工没有达成目标，有的员工对决策有意见，等等。这个时候，很多管理者就有点手足无措：不知道如何与带着情绪的员工进行有效沟通，不知道该如何处理违反团队规则的员工，不知道该如何帮助下级提升能力达成目标，不知道如何推进决策执行，等等。管理者意识到，胜任管理角色并不是想象中的那么简单。

怎么办？有些管理者干脆全力投入业务中去，对存在的管理问题视而不见。为什么这么做？原因是：管理者认为，自己既然是业务出身，对于业务问题一定能信手拈来，容易出成果，这种显而易见的产出，又可以激励自己和团队做得更好，实在搞不定，还可以和员工聊聊"想当年"。

管理者还有所不知，每当你在那自嗨式地说"想当年"时，下级们总想笑。这不仅是因为，你总说"想当年"，大家几乎都可以背出当年的故事；还因为，这些"想当年"的陈年旧事，恍如祥林嫂重复千万次的梦魇，一遍又一遍，除了能让大家看到你的无助与彷徨，别的还真看不出什么来。

因此，对于管理者而言，哪怕对业务轻车熟路，对管理焦头烂额，也要花时间和精力来适应，这是管理角色胜任的问题。从处理业务问题的单维度，到处理管理问题的多维度，不了解、不适应都很正常，但这真的不是管理者不去抓管理的理由。

问题三：角色转换延迟——明明在其位，也想谋其政，但为何总是慢半拍，是方向错了，还是操作有问题？

本来该马上处理的原则底线问题，管理者拖了几天才解决；本来该与员工进行的月度绩效面谈，结果错过了最佳时机；本来要抢在竞争对手产品上市之前完成的研发,结果却一再拖延。这类问题越积累越多,管理者疲于应付,角色转换延迟的问题,越来越成为新任管理者的心头之痛。

连打开网页都会有延迟,更别说管理者的角色转换会出现延迟的问题了。任何一个新角色,都需要磨合期,对新任管理者而言,不仅有工作内容的变化,还有工作重点的变化。新任管理者,都需要时间来了解和熟悉新岗位的工作内容、工作节奏、工作方式,还需要了解团队状态、下级情况、绩效短板、战略重点等。这些问题都需要花费大量的时间和精力,有时甚至会看错或误解,也正是因此,角色转换才是新任管理者所要付出的代价和成本。

二、新任管理者要特别警惕两个管理极端

同时,作为新任管理者,还应该防止"剑走偏锋",警惕走向两个管理极端:要么是救火队长,要么是甩手掌柜。

第一个管理极端:救火队长。

什么是救火队长?顾名思义,就是企业中那些擅长解决重大、紧急、突发问题的人。他们往往一专多能,能搞定一切,也是老板心目中的得力干将。这样的"能人",到哪都是香饽饽。也正是因为他们业务能力强,很快就被提拔为管理者,完成职业生涯的角色转换。

从企业的角度而言,这样的"救火队长",对一家公司的成长与发展意义重大。首先,他能快速解决问题,就短期效率而言,毫无疑问是解决问题的最佳选择;其次,他能创造性地解决问题,为团队找到创新的路径和方法,推进业务变革和团队发展;同时,在一些关键时刻,"救火队长"还可以力挽狂澜,帮助团队渡过紧急时刻,走向下一个发展阶段。

然而，凡事有利就有弊。作为新任管理者，短期看，"救火队长"往往给企业带来一系列的利好，但长期看，管理者总扮演"救火队长"角色，却不利于企业的持续增长和健康发展。一般而言，"救火队长"的长期存在，会给企业带来两大问题。

第一个问题是，企业过于依赖"救火队长"这样的"能人"。遇到问题，首先想到的不是制度和流程，而是寻找"救火队长"。这就会造成企业的"能人依赖"效应，让企业长期忽视管理和流程建设，并会掩盖组织在流程化、职业化建设方面的不足。

把这个问题伸展一下，你更能了解真相：最初请"救火队长"解决问题，是因为时间紧、任务重，效率优先。但，如果总把解决问题的期望，寄托在"救火队长"身上，那么公司就不会投入太多的精力和时间，去梳理流程、完善制度，"能人依赖"一旦养成习惯，组织的职责不清、流程不畅、运营效率不高、战略定位偏颇的问题，就容易被掩盖。

同时，无论作为"救火队长"的管理者水平多高，并不代表团队的水平一定高。如果这位管理者天天救火，哪还有时间和精力去培养下级？长期看，这样的团队有名无实，所谓的分工协作，只能是管理者的一厢情愿罢了。

第二个问题是，越用救火队长，企业的火情越多，火势越旺。公司到处起火，"救火队长"到处救火，时间久了，"救火队长"也有疲惫不堪、力不从心的时候，万一遇到重大火情，恐怕会成为企业的危急时刻。

为什么越用"救火队长"，企业的火情越多？因为，"救火队长"能快速解决问题，既然问题解决了，救火队长又可以随时待命，那为什么还需要花时间，琢磨出现问题的根本原因？有时，企业很喜欢"头痛医头、脚痛医脚",只要火情灭了,就可以高枕无忧,至于下一次火情什么时候再来,那就是另一码事了。

但,再厉害的"救火队长",也扛不住天天救火。而且,作为"救火队长"而言,最初那种危急时刻解决问题的成就感与自豪感,会随着时间慢慢减弱,再加上,任何"救火队长"都不能应对所有突发问题,一旦遭遇失败和挫折,对这类能人式的管理者信心打击很大。时间久了,对组织绩效也会带来负面影响。

这样看来,总依赖"救火队长"解决问题,总不是企业问题的长久解决之道。对组织而言,如何既能发挥"救火队长"的能人效应,又能持续提升团队的系统能力,完成从"依赖能人"到流程优化、从"依赖能人"到打造团队的管理转型?如果转换到老板视角,从用好"能人"、培养团队、打造能力层面,有两个做法值得借鉴。

第一个做法是,企业不仅要用"能人",更要让"能人"当标杆,进而总结经验、培养团队、复制能力。

企业能吸引优秀的人才加盟,这当然是件好事。对于极少数能帮助企业"救火"的能人而言,其中既有天赋的成分,还有后天努力的因素,总之,他们的优秀不可多得。但,从公司的角度而言,还需要最大化发挥"救火队长"的能力,除了危急时刻解决问题,还要想方设法通过他的实践,为组织和团队总结出可复制的工作经验,甚至是标准化作业手册。然后,再通过主题培训、师傅带徒弟等方式,将这种能力和方法,复制到团队身上。这就实现了从"能人效应"到批量打造团队的转变。

第二个做法是,企业不仅要用"能人",更要通过流程再造、制度建设,让公司少出"火情",建立长效预防机制和应急预案。

靠"救火队长"去解决问题,是暂时的。对企业而言,如果不能找到问题背后的流程和机制原因，那么这种"暂时"解决问题，往往意味着下一次的"火情"更大，如果"救火队长"再有不靠谱的时候，问题就更严重了。

因此，在"救火队长"解决问题后，企业要着手从流程再造、制度建设上查找原因。从系统角度看待问题，往往会有不一样的视角和解决方案。这也是公司长效化解决问题的最佳方式：预防比救火重要得多。

德鲁克说，优秀的公司，往往看起来风平浪静，没有什么惊天地泣鬼神的事情发生。言外之意是，当流程、制度、规则、系统发挥作用时，公司管理就进入自循环状态，哪还有那么多突发事件发生。

对那些长期担当公司"救火队长"的管理者而言，应该把更多的时间和精力放到团队打造与制度管理上来。通过团队打造培养后备人才，有更多的接班人可以胜任工作；通过制度管理，实现人财物等资源的最佳匹配，将成就感从业务层面转移到管理层面上来，团队绩效才会得到持续提升。

第二个管理极端：甩手掌柜。

其实，我们对"甩手掌柜"的理解存在很多误区。做管理咨询和培训这么多年，常听到管理者说：要是能做一回"甩手掌柜"就好了！现在天天加班，好多本该下级做的工作，都跑到我头上来了。骂他们也没用，没办法，只能自己加班解决。

这句话的言外之意是：做"甩手掌柜"要比亲力亲为容易多了。在他们看来，亲力亲为的管理者，往往事无巨细，总是冲在前面，自己的时间又总被下级所占用，劳心又劳力。而他所羡慕的"甩手掌柜"，总是有大把的时间留给自己，很多事都可以放心交给下级处理。

看来，每个管理者的内心，都有一个成为"甩手掌柜"的梦想。在很多管理者看来，"甩手掌柜"一定轻松快乐，没有什么管理的烦恼，升职加薪都会轮到他们，这样当领导，让人嫉妒羡慕恨。

殊不知，甩手掌柜的重点，一定不是"甩手"，而是"掌柜"。如果重点在"甩手"，那么所谓的业绩、团队、文化就成了无源之水，这样的"甩手掌柜"，早就下岗了。因此，如果你仅仅关注"甩手"，不关注"掌柜"，显然，你误解了"甩手掌柜"，也就无法理解"甩手掌柜"的工作方式，更无法成为真正优秀的"甩手掌柜"。

比如，万科创始人王石，就是很多人眼中的"甩手掌柜"。王石是中国企业家的另类，他喜欢登山，两次登上珠穆朗玛峰，并成为全球少数几位攀登过七大洲最高峰和极地的企业家；他喜欢求学，到哈佛读书，像本科生那样上课，只不过，别的同学下课后可以四处玩耍，而王石却要到处求教老师和同学，并对照词典查询那些生僻的英文单词到底什么意思。要知道，在哈佛求学的王石，已经迈过 60 岁。而且他居然玩划艇、做广告代言、做公益活动，在很多人看来，王石真的是不务正业、甩手掌柜。

但，事情的另外一面是：2016 年，万科的销售收入突破 3 000 亿元，成为全球最大的住宅地产企业；万科的治理结构和管理体系，已成为国内企业的标杆；万科的职业经理人制度，已成为国内企业争相学习的榜样；万科的合伙人机制与企业文化，已成为其持续健康成长的基因。

在一个多年塑造"优秀管理者应该亲力亲为、任劳任怨、数十年如一日"的传统语境下，居然出现了一个"游山玩水、不务正业"的董事长王石。在很多人看来，你王石这么优秀，这么潇洒，让那些"经常带病工作、365 天无休、开会开到吐血、加班加到深夜、对公司管理绝不放手"的管理者们情何以堪？你王石的特立独行、所作所为，不就正好凸显了他们在战略和管理上的无能吗？

这恐怕才是一些管理者的心里话。正因为学不会，正因为不明白，因此，很多人往往被表象所迷惑，才觉得"甩手掌柜"无所事事。其实，真正优秀的"甩手掌柜"，是一种资格，更是一种持之以恒的投入和坚持，要成为优秀的"甩手掌柜"，管理者需要掌握三个关键。

第一个关键是，优秀的"甩手掌柜"，起点都是亲力亲为。

你以为王石从一开始就这么潇洒？错！如果王石一开始就去爬珠峰，恐怕万科早就不存在了。所有的管理者，在开始阶段都必须亲力亲为，为什么？

一是为了了解客户与业务，只有深入了解客户需求，才能制定正确的战略；二是为了了解流程和运营，只有深入洞察流程和运营的细节，才能发现问题，提高效率，优化执行；三是为了了解团队能力与文化，只有与团队并肩作战，才能了解团队工作中的点滴问题，才能改进管理，提高员工满意度。

原来，所有的"甩手掌柜"，都经历过亲力亲为的痛苦阶段。如果你只看到"甩手掌柜"的潇洒，看不到这些管理者过去做了些什么，才能成为"甩手掌柜"，那显然你没有搞懂"甩手掌柜"的基本逻辑。

因此，要想做好"甩手掌柜"，首先要亲力亲为，了解客户、团队、流程、业务、执行等。即便是高级管理者，刚刚走马上任，一般也都需要走访客户、调研业务、访谈团队、深入一线，只有做到这些，管理者才有发言权，才能掌握业务和团队的真问题，才能进行正确决策，才能进行优化整合，这才是当"掌柜"的基本能力，能不能"甩手"，那是另外一码事。

第二个关键是，优秀的"甩手掌柜"，永远都在思考：如何管理，才能"甩手"。

一个优秀的管理者，不是与下级比业务水平谁更高，也不是事无巨细代替下级工作，而是要思考管理者的职责定位与使命。让下级业务能力更强，让业务流程更优，让运营效率更高，让团队执行更好，等等。要做到这些，管理者既要深入了解业务，还要从业务中跳出来看问题。那如何从业务中跳出来看问题？

首先，管理者要明白，你深入了解业务的初衷，是为了帮助下级提升业务能力，才有所谓的授权和委派工作。因此，在深入业务的同时，可以通过辅导与培养、示范与培训的方式，帮助下级提升能力。如果一开始是奔着提高下级能力，而不是仅仅解决问题去的，那么，管理者就具备了"甩手掌柜"的基本思维：进入是为了退出，没有比这更好的角色转换了。

其次，管理者要懂得，你的使命是把下级培养出来，不是抢下级的工作。因此，你要花时间研究客户的痛点、业务的优化、流程的障碍、执行的困难等。这些问题都需要管理者有足够的时间和精力，因此，要时刻告诉自己，一定要从具体的业务中抽身出来。怎么抽身出来？下级要没能力，你永远无法抽身，这也是为什么管理者需要当好教练的原因：教不会下级，你永无出头之日。

第三个关键是，优秀的"甩手掌柜"，关键不在"甩手"，而在"掌柜"。

"甩手"只是形式，"掌柜"才是关键。你可以选择不甩手，也可以选择甩手，这些都是可以接受的方式，但请记住，重点不在"甩手"，而在"掌柜"。

做掌柜，意味着一切尽在掌握。如果管理脱轨，如果总有意外发生，那显然你做"掌柜"还不合格，更不要说"甩手掌柜"了。

因此，要想做好"甩手掌柜"，管理者要问自己：我所管辖的工作，是否实现了标准化、可复制？我的工作能否授权给下级来做？哪些工作可以授权，哪些工作不能授权？千万不能一甩了之，那会出现更多的管理问题。

做"甩手掌柜"，是一种资格。从亲力亲为开始，深入业务一线，了解团队真实情况，跳出来思考问题，不与下级比业务能力，同时在业务标准化和授权机制等层面，不断完善管理。做到这些，我们才可以说，你离"甩手掌柜"的距离越来越近了。

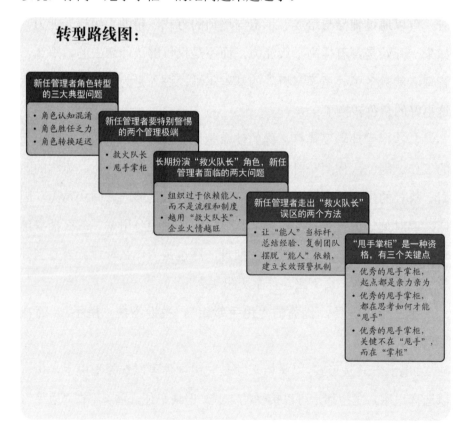

转型工具箱：管理者 PAEI 角色模型

	短期导向	长期导向
效益导向	业绩创造者 Producer	创新者 Entrepreneur
效率导向	行政管理者 Administrator	整合者 Integrator

——模型出自《企业生命周期》，伊查克·爱迪思，中国人民大学出版社，2017.10

转型备忘录：

1. 本章学习完毕，让我收获最大的内容是：

   _____
   _____
   _____

2. 接下来，我将要聚焦改进的管理工作是：

   _____
   _____
   _____
   _____

3. 为达成更好的管理成果，我的行动措施是：

   _____
   _____
   _____
   _____

第四章

相信你，能做好——勤奋有道，完美有度

> **问题导读：**
> 1. 作为新任管理者，应该把"勤奋"主要用在哪里
> 2. 低水平勤奋与高水平勤奋的区别，主要在哪里
> 3. 过度追求完美，会给新任管理者带来哪些问题
> 4. 为什么很多新任管理者会有相当强的"完美情结"
> 5. 如何围绕岗位和角色所赋予的使命，定义团队发展主要矛盾

经历过短期的转型阵痛，新任管理者对于管理角色的胜任逐渐进入快车道。当然，这也意味着，你遇到的管理问题会越来越多。这种情况下，管理者要告诉自己：时间是最大的稀缺资源。如何分配时间，不仅涉及时间管理，还会涉及公司战略落地和团队资源整合，因此，有所为，有所不为，就成为新任管理者角色胜任的必修课。

用战略语言来描述，那就是：学会抓主要矛盾。在团队不同的发展阶段，管理者遇到的主要矛盾各不相同。如果每个阶段都平均用力，或者每个阶段都抓一样的重点，显然，管理一定会出问题。在这个层面，很多管理者容易陷入另外一个误区：眉毛胡子一把抓。在他们看来，处理接连不断的问题都来不及，哪还有时间考虑轻重缓急，先做了再说。这样的管理者，在转型阶段会面临两大问题。

一、只靠勤奋，真能解决管理者的问题吗

在中国的传统语境下，"勤奋"常被当成褒义词。比别人花更多的时间，投入更多的精力，一般情况下，产出会更高。所谓的天道酬勤，也是如此。因此，有的管理者也常对下级说，只要肯下笨工夫，专注于目标和结果，时间久了，所谓的基本功和专业水平也就有了。

因此，在"勤奋"的召唤下，我们看到很多员工和管理者废寝忘食，忘我工作，甚至会用加班来解决时间不够的问题。但，只有当事人自己明白，无数个白天黑夜，对自己到底意味着什么。以创业者为例，他们大都经历过艰苦的初创岁月，每天都要应对市场、客户、对手、员工和投资人，除了夜以继日的勤奋和更加忘我的工作，再也没有其他方法能消除创业初期的焦虑。

再比如，管理者刚刚走马上任，摆在眼前的是一堆烂摊子，业务急需破局，团队急需打造，新产品急需开发，老客户急需维护关系。这种情况下，如果管理者还是按部就班，那显然无法胜任管理角色。这种情况下，新任管理者必须拿出更多的时间和精力，梳理脉络，重整士气，推进战略，提升绩效。而指望每一位管理者都是点石成金的高手，显然很不现实，大多数情况下，新任管理者还是要回到原点，抽丝剥茧，解决问题，在没有捷径可走的情况下，勤奋就成为新任管理者首选的应对方案。

这当然无可厚非。任何时候，围绕目标和使命，在战略与客户价值的指引下，锁定目标、心无旁骛、沿着市场规律和管理逻辑坚定走下去，只要足够勤奋，管理者就一定能获得更大的回报。这已经成为管理的共识。但另一方面，我们也看到，有些看起来非常勤奋的管理者和员工，总是加班，总是一脸愁容地坚持，到头来，不仅绩效没提

高，身体也累垮了。这到底是怎么回事呢？是勤奋错了，还是有其他什么原因？

其实，在"勤奋"这件事上，真勤奋与假勤奋，低水平的勤奋与高水平的勤奋，间歇性勤奋与持续性勤奋，自恋型勤奋与客户型勤奋，有很大的差别。有时，"假勤奋"比真懒惰更可恶，它会让人们不再相信勤奋，也会迷惑人们的双眼。具体来看，我们应该特别警惕以下四种假勤奋。

第一种假勤奋，是表面勤奋。

这种勤奋，最容易迷惑别人。因为表面看来，当事人并没有偷懒。最典型的情况是，只要上级还在加班，自己坚决不走，哪怕什么事都没有，也要装装样子，目不转睛地盯着领导，只有完全确认领导离开公司后，才以最快速度冲出办公室。

其实，这段等待领导下班的时间，就被彻底地浪费掉了。不仅不会给公司带来任何有价值的产出，也不能给自己带来成长和进步，时间久了，这种伪装的勤奋，会造成巨大的浪费，而绩效却没有任何实质增长。

第二种假勤奋，是低水平勤奋。

有些人的"勤奋"，总在低水平徘徊。即便是有著名的"一万小时定律"，你也会发现，他处理问题的水平，仍停留在几年前的样子，丝毫没有任何长进。但，平时他又非常勤奋，这就给管理者造成了一种困扰：到底是我的管理方法有问题，还是公司的管理机制有问题？如若不然，这么一个勤奋有加的人，水平怎么依然这么低？

其实，管理者的这种自责，也是这种低水平勤奋的副产品。为什么有了"一万小时定律"，他的水平依然没有提高？原因是，别人的一万小时，是不断改进，不断完善，不断反省和提高，而他的一万小时，永远在重复昨天的故事，甚至连错误都是一模一样，从来没有改进提高，从来没有改善精进。这种毫无价值的重复，除了给当事人一点心理安慰外，带不来任何价值。

而这样的员工，又容易走向极端：一旦觉得自己的勤奋没有回报，就马上质疑是不是社会公平问题，是不是管理机制问题，就是不去想自己的"低水平勤奋"问题。于是，干脆把勤奋抛到九霄云外，走到另一个极端，吊儿郎当、得过且过。

第三种假勤奋，是间歇性勤奋。

为什么是间歇性的？因为，有些人时而勤奋，时而不勤奋。在被外界刺激时，像打了鸡血那样兴奋，但往往坚持了没几天，又被打回原形：勤奋消失，懒惰归来，浑浑噩噩，不知所云。

这样的勤奋，其实是一种外在型勤奋。或者是被逼无奈，或者是被环境感染，又或者是被别人所触动，总之，并不是出于他内在的本心。因此，这样的勤奋属于间歇性的，来得快、去得也快。时间久了，同事们就会养成习惯：既不会对他的突然勤奋表示惊讶，也不会对他的突然消沉表示震惊。这种情况下，他所谓的勤奋，不过是自身情绪的一种表达，谁还会当真？

第四种假勤奋，是自恋型勤奋。

这种假勤奋更难识别。当事人往往锁定目标、执着坚持，而且，永远置外界的反对声于不顾，一定要通过勤奋来证明自己的英明神武。

只不过，当事人忘记了：在公司的边界内，创造价值才是存在之本。而是否创造价值的唯一标准，来自于客户。如果不能满足客户需求，如果不能做到客户导向，再伟大的发明，再高深的科技，可能只会放到博物馆里，对公司的绩效和产出没有丝毫帮助。这种自我导向，甚至有点极端自恋的勤奋，脱离了客户需求，脱离了公司实际，也脱离了价值标准，因此，也就无法在公司立足，也不会被公司所接纳。

二、假装完美无缺，真能缓解管理者的痛苦吗

新任管理者除了要警惕下级和自己是否陷入"假勤奋"的陷阱外，还要注意另外一个更加隐蔽的"陷阱"：假装自己完美无缺。

追求完美，是很多管理者身上的优秀品质。这种品质，往往会转化为对产品、客户、团队负责的态度。这种精益求精的态度，反过来又让很多公司脱颖而出，成为业界的领军品牌。

比如，苹果公司的乔布斯追求完美，成就了 iPhone 的极致设计，更薄、更轻、更简洁，成为智能手机行业的新标准；英特尔的葛洛夫追求完美，让英特尔从一个边缘小品牌，成长为电脑时代的芯片巨头；瑞士的制表工匠们追求完美，在设计细节和工艺品质上精益求精，让瑞士成为全球钟表业的绝对霸主。

这样的案例还有很多。一家公司的伟大，一定与它的管理基因密切相关。而追求完美，恰恰成为很多优秀公司的成长基因。追求完美的背后，是一家企业对现状的不满，是敢于挑战现状，是不停留在过去的功劳簿上。追求完美，也包含了一定程度的自我否定：只有勇于否定自我，才会有不断的创新突破，也才会有一家企业的基业长青。

但，作为新任管理者，一定要告诉自己：管理上的追求完美，并不等于管理者自身完美无缺。事实上，从来就没有完美无缺的管理者：我们必须要承认，任何一位管理者，往往都会有一定程度的性格和行为缺陷，这是正常的。有时还会因为不同的专业背景、工作经验和家庭影响，在具体的管理决策中，表现出不同的行为偏好。这没什么不对，恰恰是不同管理者的风格所在。

但，如果一味地想在下级面前维护自己的权威，保持一个看起来完美的伟大光辉形象，甚至连一个小的瑕疵都不愿意被提及的话，且不说这样的管理者容易把自己搞得疲惫不堪，就只说这种刻意的假装完美，也会让下级觉得与领导之间的距离太远，甚至有点遥不可及。时间久了，下级感受到的，不是上级的完美无缺，反而是上级层层包裹下的距离感与不信任（或者很多下级私下直接用"装"这个字来形容），这岂不是与管理者的初衷背道而驰？

因此，管理者要告诉自己：不要刻意追求完美，更不要假装完美无缺。在团队面前，越是假装完美，越容易造成隔阂与猜忌，越会让下级感觉不真实。而所谓的团队凝聚力，往往是建立在真实与信任的基础上，员工可以包容一个不完美的领导，但绝不会喜欢一个不真实的上级。在完美与真实之间，不假装完美，不掩盖真实，才是管理者面对团队的正确态度。

那么，为什么有些管理者，会在下级面前假装完美无缺？

首先，是出于观念的影响。

很多管理者会天然地认为，作为上级，一定要比下级表现得更优秀，不然凭什么领导别人。这话当然没错，但问题在于：管理者不可能在所有行为上，都比下级优秀，也不可能永远都比所有下级优秀。

从管理的角度而言，能被提拔为管理者，更多的是因为你在某些层面更能胜任管理角色，这往往是岗位胜任方面的考虑。但，岗位胜任又往往是聚焦于某些层面，而不是管理者的所有行为。团队管理，强调的不是个人英雄主义，而是一个团队的分工与协作，如果上级什么都强，还要团队干什么？如果上级什么都优秀，下级的进步空间又在哪里？没有了团队协作，没有了员工成长，一家公司设置管理岗位的意义何在？

因此，管理者要从观念上重新定义管理角色：你的使命，不是让自己完美无缺，而是要打造一个合理分工、高效协作、提升绩效的优秀团队。管理者要在岗位要求的品质、行为与能力上不断精益求精，但这不等于管理者要时时、处处、事事表现得完美无缺，用极端完美的观念束缚自己。

其次，是出于权威的考虑。

权威，是管理者进行团队管理的一部分，也是团队信服管理者的一个重要因素。因此，管理者在团队面前树立权威，往往会提升整个团队的凝聚力与战斗力。

但，树立权威不等于每件事的处理都完美无缺。权威的来源，不仅是组织赋予管理者的权力，还有管理者的日常行为。一个管理者，如果只能靠组织赋予的权力来保持权威，那么，他最大的问题是，团队的服从，仅仅是基于管理者的头衔，而不是出于对管理者本人的尊重。

官大一级压死人，意思是：大家暂时服从，而不是内心接受和认同。一旦管理者失去了头衔，那就会出现"人走茶凉"的局面。

因此，管理者要告诉自己，在成为管理者之后，不要总拿权力进行管理，而要通过行为影响团队，这也是权威的来源之一。在管理者的诸多行为当中，表现出真实与真诚，越来越成为管理者凝聚人心的关键要素。在下级看来，上级领导越真实，信任度越高，彼此的距离越近，团队凝聚力越强。反过来，如果上级领导假装完美无缺，时间久了，团队会越发觉得领导不真实，不值得信任：你假装，我也假装；你不真实，我也不真实；你不真诚，我也不真诚。最终，大家面和心不和，彼此猜忌，人心涣散，哪还有什么绩效可言。

最后，出于自己的不自信。

有些新任管理者会认为，自己能成为管理者，运气的成分更多一些。对于能不能胜任，一点把握都没有。因此，他更要尽可能掩饰自己的缺点和问题，在团队面前表现得完美无缺，只有这样，下级才能信服。

这样的想法，大错特错。且不说，所有的掩饰时间久了都会露馅，即便没有被下级看穿，管理者自己也身心疲惫，他会为了所谓的完美无缺，拼命掩盖潜在的问题，有时不能做到就事论事，失去了客观理性，往往会造成更多的问题。

其实，新任管理者要明白：大多数情况下，你被选拔为管理者，不是因为运气，而是因为能力。从管理的角度，一家规范的公司，选拔任用管理干部的标准，往往来自于组织要求和岗位胜任能力。况且，选拔的过程，往往还需要公开竞聘、过程公示、公司考核，这是公司行为，不是个人行为。

当你被任命为管理者的那一刻，首先要给自己信心：我是公司严格选拔出来的；其次要告诉自己：我还有很多问题，今后更要严格要求自己，不断提升；同时，还要告诉自己：我不是完美无缺的，我有很多问题，但如果我能在团队面前表现得真实，我会收获更多信任，我会赢得更多尊重，我的团队会表现得更加优异，那才是我真正想要的结果。

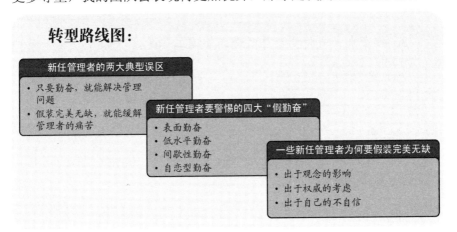

转型工具箱：管理者素质模型

素质体系的冰山模型

——出自"冰山模型"，美国心理学家麦克利兰，1973

转型备忘录：

1. 本章学习完毕，让我收获最大的内容是：

_____
_____
_____
_____

2. 接下来，我将要聚焦改进的管理工作是：

_____
_____
_____
_____

3. 为达成更好的管理成果,我的行动措施是:

_____

_____

_____

_____

新任管理者的四大管理误区与真相

第五章

管理误区与真相之一——管理者，不是当保姆，而是当教练

问题导读：

1. 新任管理者，如何做到"在其位、谋其政"
2. 工作中，为什么下级的"猴子"（责任）总会跑到管理者身上
3. 新任管理者，如何防止"敏感"变"过敏"
4. 为什么说教式管理越来越无效
5. 如何成为一个教练式管理者

终于，我们一起完成了新任管理者如何胜任三大管理角色的"定位之旅"。无论你是从业务骨干、技术骨干，还是从研发骨干、项目骨干等晋级而来的管理者，你都要学会胜任"业绩驱动者、团队打造者、文化凝聚者"这三大角色，完成从业务成就感到管理成就感的转型，完成从舒适区到挑战区的突破。

或者，我们换一种说法：你需要真正"在其位、谋其政"——衡量你优秀与否的标准，不是个人的绩效，不是过去的战绩，不是才华的多少，而是团队的产出、资源的效率、战略的执行等。然而，在这种角色转型过程中，很多业务出身的管理者还不能完全适应，他们会不自觉地陷入管理的误区。从过往的管理咨询与培训经验看，新任管理者首先碰到的误区是：习惯当保姆，不会当教练。

新任管理者往往会陷入"保姆"困境。什么是"保姆"困境？就是在下级遇到问题找到上级时，新任管理者的第一反应，不是启发和培养下级解决问题的能力，还是直接替代下级回答问题，或者干脆拿出自己的解决方案让下级执行。有时，新任管理者还喜欢亲自"披挂上阵"，不仅给解决方案，还直接替代下级行动，最终包办一切。

很多新任管理者还以此为荣。岂不知，这样的做法，会带来两种恶果：第一，对那些有水平、想干事、希望获得能力成长的员工来说，如果自己的上级总替代自己解决问题，那么所谓的能力和水平，就无从谈起，久而久之，这种被"晾在一边，没事做"的状况，会让这类员工的成就感大大降低，如果不想继续"堕落"下去，一般会选择用跳槽的方式选择离开。第二，对那些没水平、混日子、希望少干活、多拿钱的员工来说，遇到这种上级，简直是"天赐良机"，事有人帮着做，困难有人帮着解决，只需要在上级完成工作时给他一个大大的赞，或者来一句"还是领导水平高"，就能让上级乐开了花，这么轻松搞定上级，何乐而不为？

一、为什么新任管理者喜欢当"保姆"

问题是，有水平的员工离开，没水平的员工留下，这真的是你想要的结果？都是"当保姆"惹的祸呀。那么，更具有挑战性的问题来了：为什么很多新任管理者，喜欢当"保姆"？

第一，是因为成就感使然。

这是我们之前重点讨论过的话题。如果新任管理者的工作成就感依然建立在过去的业务或技术上，而不是在团队和管理上，显然这位管理者，虽然已经担任了管理职务，但其思维和认知依旧停留在业务骨干或技术骨干层面。那么，这位新任管理者当"保姆"，就会成为大概率事件。

第二，是因为角色压力使然。

上任之初，千头万绪。对新任管理者而言，如果没有系统的管理培训，或者没有上级领导"扶上马送一程"的话，那么，对自己如何做好管理者，确实是茫然的。这种情况下，靠一个人的摸索既需要时间，也需要试错，来不得半点马虎。

然而，面对上下级"新官上任三把火"的期待，再加上新任管理者内心那种"做出成绩证明自己"的迫切愿望，这种角色压力，会使得他潜意识里寻求利用自己的优势，在最短的时间内拿到成果，以此来回应公司的期待。

时间紧、任务重，如何才能快速出结果？当然是发挥业务优势！至少，可以向下级证明：看，我的业务能力比你强吧。其实，"和下属比业务水平"，是新任管理者"保姆困境"的升级版。

第三，是因为工作惯性使然。

所谓工作惯性，指的是之前的工作行为和习惯，在短期内很难改变。比如，看到下级的工作推进不理想，不是想办法帮他提升能力，而是直接替员工解决问题；再比如，习惯了之前的工作思路和方法，只要看到下级的工作方式和自己不一致，就马上干预，而下级短时间内无法完全领会你的逻辑和方法，等不及的情况下，只能自己披挂上阵。

二、团队出现"过敏综合征"的三大症状及解决办法

正是因为上述问题的存在，才会让很多新任管理者走入"保姆困境"。为了走出困境，一些新任管理者开始了各种尝试，他们会不断地提醒自己：不要当保姆，不要只关注业务，要关注团队，要关注管理，

等等。因此，时刻提醒自己，对管理敏感，对团队敏感，就成为很多管理者的转型常态。

但，这个时候，新的问题出现了："敏感"过了头，就变成了"过敏"。

现实中，每位管理者都需要"敏感度"。缺少敏感度，你就很难见微知著，而细节是魔鬼，如果你对关键细节不在意，那么问题累积起来，最后只能自己去"救火"了。因此，很多优秀的管理者都有一个共同的品质，那就是"敏感"。

乔布斯的"敏感"：发布会前，为了让麦金塔说一句标准美式口音的"Hello"，他可以连续三个小时冲着工程师发飙，最终解决问题。乔布斯还对发布会前音乐、着装、演示报告、麦克风、座椅摆放、海报发布、前后衔接等细节超级"敏感"，而这种敏感也成就了苹果的伟大。

张瑞敏的"敏感"：据说，张瑞敏上任后的第一件事，就是带人走遍厂区的每个角落，然后让下级在一面墙上写下"此地禁止随地大小便"的提示语。这需要足够的"敏感"和细心，后来也才有了著名的"砸冰箱"事件。如果没有对质量的精益求精，张瑞敏无法洞察这种"敏感"。

柳传志的"敏感"：网上曾流传一封柳传志写给杨元庆的信件，大意是说，当时的联想还给不了太好的待遇和条件，但他坚信未来的联想一定可以更好，并针对杨元庆当时的工作状态做了交流。这封信不仅体现了柳传志的领导力，更有其洞察秋毫的"敏感度"。包括杨元庆、郭为、刘军、陈绍鹏等在内的一大批联想领军人物脱颖而出，都得益于柳传志的这份"敏感"。

然而，请注意，一旦管理者的"敏感"升级为"团队过敏"，相关的副作用就会源源不断地产生。如果时时、处处、事事都"敏感"，那么，这种敏感就会演变为"过敏"，于是就有了所谓的团队"过敏"综合征。

团队"过敏"综合征之一：报喜不报忧。

凡是上级不喜欢听的，坚决不反馈。于是，管理者得到的信息，往往是下级希望他看到的信息，而非全部真实的信息。一旦以这种非真实信息做决策，执行结果和力度可想而知。

团队"过敏"综合征之二：沟通绕大弯。

越想避免发生什么，就越会发生什么，这是墨菲定律告诉我们的。员工怕上级过度敏感，就会刻意忽略相关的人和事，或者变换成其他方式来表达。这样的话，沟通效率大大降低，说话绕弯，表达含蓄，一切靠猜，结果使真正要表达的意思模糊不清，最终造成沟通障碍。

团队"过敏"综合征之三：管理近视症。

鸵鸟心态要不得。如果管理者不喜欢某些人或事，并由此作为决策的依据，一定有失偏颇。这种视而不见的管理方式，不仅会造成管理决策的扭曲，还会影响公司的战略分解和执行落地，管理者很容易患上管理近视症。

诸如此类，不再一一列举。到目前为止，除了靠时间沉淀和教训积累，来慢慢提醒管理者切勿过分敏感之外，还确实没有什么太好的治疗管理者"过敏"的好方案，以下建议，是很多管理者的经验之谈，供大家参考。

（1）适度授权：既然管不了自己的敏感，那就果断切割自己所管理的事务，用授权的方式，在机制上最大限度减少"过敏"的发生。

（2）不要马上回复邮件：除了紧急审批类的邮件外，没有哪封邮件非要你立即批复。如果缓一会儿、想一下，或许"过敏"的症状会减轻，因为在不同的时间和心情下看邮件，结果往往大不同。

（3）保持运动：任何一项可以每天坚持的适量运动，都可以让你留一点时间理性思考，这种难得的总结和反思，类似于管理的复盘，会有效减缓"过敏"。

（4）充分利用办公室茶歇时间：当然，茶与咖啡都可以，午餐时间也可以。哪怕是工作间歇的走动，也可以有效减缓"过敏"的发生（总是聚焦一个问题，难免会焦虑）。

（5）每周固定沟通：保持正式和非正式的沟通，会有效减少管理者对员工的误解和偏见。相互了解越深，越能懂得对方的出发点和初衷，这将有效减少"过敏"。

三、"说教式"管理的三大假设

解决了新任管理者的"过敏"问题，管理者离走出"保姆困境"又近了一步。接下来，有的新任管理者还会陷入另外一个陷阱：说教式管理。它和管理者的"过敏"症状不同，不易被觉察，而且很多管理者都已经习以为常，甚至连高管层都不自觉地陷入进去。

每每看到，管理者语重心长地教导下级，我们都能感受到，语重心长的背后，是管理者对下级成长的用心和负责。但，从另外一个角度看，我们马上又会觉得悲哀：无数事实证明，无数这样的循循善诱，最终换来的，不是员工的绩效改善，也不是员工的技能提升，而是员工眼中的哀怨和厌烦，他们的心里话是：你烦不烦呀。

明明在帮员工指出问题，员工却觉得管理者吹毛求疵；明明在帮员工解决问题，员工却觉得管理者多此一举；明明是帮员工设计职业生涯规划，员工却觉得管理者居心叵测。

长此以往，新任管理者也经受不住打击，要么把所谓的辅导与培养下级的工作放到一边，一头扎进业务中寻找成就感；要么就转向另

第五章 管理误区与真相之一——管理者，不是当保姆，而是当教练

外一个极端，再也不想着打造团队，只使用、不培养，管理者与下级的关系，演变为纯粹的业务交易关系，哪还有什么团队可言？

这种情况其实是双输。对管理者而言，他的使命与责任之一，就是帮助下级提升绩效、学习成长、改进提高。如果仅仅是分配任务，缺少了与下级的互动交流，这样的管理，就变成了单向输出，管理效能无法得到体现和发挥。对员工而言，向上级学习，是最简单和快捷的成长方式，既能有效提升绩效，又能将别人的经验教训，转化为自己的能力与方法，如果对来自上级的意见和建议产生反感，不愿意吸纳任何有价值的工作经验，那将意味着，员工缺少了学习提高的最佳路径，对身边的资源视而不见，这也是团队成长的巨大浪费。

到底哪里有问题？是说教这种方式出了问题，还是员工的心智模式出了问题？是管理的出发点问题，还是管理的途径问题？说教式管理，到底适不适合目前的团队建设与发展？要揭开谜底，我们必须深入说教式管理的核心，了解这种方式对管理者和员工造成的不同影响，才能按图索骥，找出答案。

站在管理者的角度，与站在员工的角度，感受往往不同。之所以说，说教式管理出现了问题，是因为说教式管理隐含了三种管理假设。

第一种假设是，我是对的，你是错的。

之所以说教，是因为看到了员工的某些行为方式，与自己的预期不同，而且预判到这种方式，必然会带来一系列问题，出于对员工负责或者对团队绩效负责，管理者觉得，自己有义务告诉员工问题在哪，有义务帮助员工纠正问题。

这种出发点，的确是为了员工成长，绝无私心。但，一旦采取说教方式，管理者给下级的感受，就是"我是对的，你是错的"，要知道，这种前提假设，尤其是双方信任度不高的前提下，容易产生上下级对

立。一旦形成对立，管理者的意见再伟大，下级可能都不愿意倾听，并且会触发员工的逆反心理，往往适得其反，越不让我做，我越做，最终走向了问题的反面。

第二种假设是，我是权威，你得空杯。

这里的"权威"，指的是管理者经验丰富。有些管理者往往会说，我走过的路，比你走过的桥都多，你听我的，不吃亏。这里的"空杯"，指的是空杯心态。管理者希望下级能秉持空杯心态，多向别人学习，不要自以为是，听不进任何有价值的意见和建议。

但，问题的关键在于，在管理者进行说教的时候，员工们会想：管理者总提想当年，是不是现在过得不怎么样？凭什么你的经验一定有效。再说，你让我空杯，为什么你自己不能空杯？正是这些问题，让管理者的说教效果大打折扣。

第三种假设是，我是上级，你是下级。

这就涉及了管理的层级序列，也是马克斯·韦伯有关科层制的基本前提。基于组织任命的权力，就成为对下级进行说教的合法性来源之一。

拥有权力管理下级是一回事，但时刻让员工感觉到权力的存在，却是另一回事。如果管理者总是通过权力进行管理，导致的后果是，哪里有压迫，哪里就有反抗。

因此，权力不能天天用，也不能到处用。面对员工，管理者除了用权力，还需要学会用非权力影响力。比如，管理者的个人魅力，以身作则、身先士卒、承担责任、公平公正等，这些做法，反而会让管理变简单。

因此，在员工看来，说教式管理，总会提醒他：因为你是上级，所以我必须听你的，但如果你不是上级，我为什么要听你的？这种逻

第五章 管理误区与真相之一——管理者，不是当保姆，而是当教练

辑，带来的就是表面服从，而且是短期服从，因此员工按照管理者要求做改进的效果，就必然有限。

由此，你也就明白，为什么管理者的语重心长，却得不到下级的认可与理解；为什么管理者的苦口婆心，却换来下级的抵触与敌视。最后往往出力不讨好，让管理者很受伤。说教式管理，可以休也。

转型路线图：

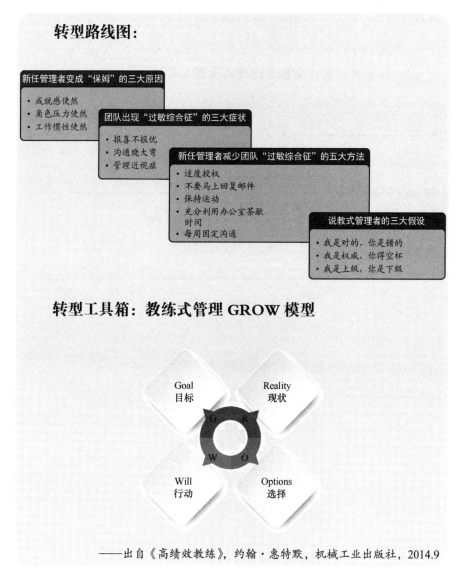

转型工具箱：教练式管理 GROW 模型

——出自《高绩效教练》，约翰·惠特默，机械工业出版社，2014.9

转型备忘录：

1. 本章学习完毕，让我收获最大的内容是：

_____
_____
_____
_____

2. 接下来，我将要聚焦改进的管理工作是：

_____
_____
_____
_____

3. 为达成更好的管理成果，我的行动措施是：

_____
_____
_____
_____

第六章

管理误区与真相之二——管理者，不是加班狂，而是给授权

问题导读：

1. 如果没有授权，管理者的工作将会遇到什么挑战
2. 什么样的工作可以授权，什么样的工作不能授权
3. 如何避免把授权做成了"放任自流"
4. 如何避免把授权变成了"畏首畏尾"
5. 如何建立与团队发展阶段相适应的授权机制

加班，往往是很多新任管理者绕不开、躲不过的工作方式。尽管我们能说出不加班的一百个理由，但加班只需要一个理由：工作没做完。甚至有的新任管理者陷入了"越忙越加班，越加班越忙"的恶性循环。

因为经常出差的缘故，我们特意观察了晚上 9 点后北京中关村、上海外滩、深圳前海的写字楼灯光，发现加班问题真的不是个案，而是愈演愈烈的风潮。创业公司要活命，互联网公司要融资，传统企业要转型，服务业要抓住"夜猫子"们的物质与精神需求，等等。总之，加班正在成为一种常态。

无数管理理论告诉我们，如果天天加班，那显然是工作效率出了问题。工作效率不高，不懂时间管理，不知道如何处理紧急与重要的

事情，因此才会天天加班。但，事实果真如此简单吗？那些加班的员工，真的不懂得时间管理四象限？他们真的愿意天天加班？如果真是这样，那位赫赫有名的社会心理学家亚伯拉罕·马斯洛先生，就会对自己提出的需求层次论提出质疑：这样的工作方式，能持久吗？

作为管理者，面对加班日渐增多的问题，我们需要进行反思。如果说短期的加班不可避免、情有可原的话，那么长期的加班，不仅说明工作效率有问题，还反映出公司在战略、机制、文化等方面积累了若干问题。

靠加班获取的绩效和业绩，不仅不能长久，而且还会给公司带来隐患——因为你是通过少睡觉、多干活获得了更大的竞争优势，但这种情况又掩盖了公司的效率低下问题、资源错位问题、战略缺陷问题。一旦产品出现瑕疵、客户出现不满、市场发生变革，公司通过天天加班所积累的潜在问题，就会集中爆发出来。一句话，经常加班，是拿短期的繁荣来牺牲长期的竞争优势。提前透支，怎么可能让企业持续增长？

一、天天加班，管理者应该做的两个反思

那么，如果公司或部门天天加班，作为管理者该反思什么？

首先，管理者要反思的是，目标与能力的匹配问题。

如果目标太高、能力太低，显然，靠当前的能力无法实现目标。如果短期内招不到合适的人，又不能马上通过培训等方式提高员工能力和工作效率，那就只能用勤奋来对冲能力——别人早睡我晚睡，别人下班我加班。用这种多干活的方式，来弥补目标和能力之间的鸿沟。

短期看，这是不得已而为之。而且，无论是作为初创企业，还是成熟企业，面对市场竞争，为了生存以及获得竞争优势，个别情况下

第六章 管理误区与真相之二——管理者，不是加班狂，而是给授权

的加班不可避免。

但，如果加班变成了常态，而且是多部门、长时间、普遍性加班，那么作为管理者一定要警惕：是不是目标定得太高了，是不是团队的能力不具备，如果不能调整目标，是不是还有其他方法可以帮助团队提升能力，减少日复一日的加班情况？

比如，基于团队标杆的做法，进行标准化、流程化设计，然后通过培训，或者师傅带徒弟等方式，将标杆的做法复制到整个团队，然后系统提升团队的工作效率，这样是不是能够减少加班现象？

再比如，如果目标定得过高，能否把目标进行分解，然后根据团队目前的资源情况，按照不同成员的优势和特点，进行合理分配。而不是像从前那样平均分配工作，让经验多、能力强的员工，负责实现目标的挑战部分，让经验少、能力不足的员工，负责达成目标的常规部分。这样的目标分解，而不是平均主义，会让目标达成的效果更好。

其次，管理者要反思的是，行为与文化的塑造问题。

偶尔加班，管理者还可以解释为工作效率低，或者为了达成目标不得已而为之。但，如果加班成为普遍现象，这个时候，管理者要反思，是不是加班已经成为公司或部门文化的一部分？是不是员工在心里认为，以加班为荣，以不加班为耻？他们为什么这么认为？是不是所有的加班都是有效加班？有没有员工为了加班而加班？管理者本人是不是经常加班，等等。

这种情况下，管理者必须高度警惕。如果加班变成了一种文化，那么正常上班时间的工作效率必然大大降低。因为员工预期到一定会加班，那么很多工作留待加班去做，正常上班时间反而成为轻松时刻，而那些真正工作效率高、按时上下班、绝不加班的团队成员，就会越来越觉得自己的行为是异类。如果他不能扛住这种无形压力，选择盲

从于大家,那么不加班的员工,也会逐渐加入加班的队伍中来。于是,整个团队就陷入天天加班的状态,哪还有什么效率可言?

因此,管理者要反思:我是不是在鼓励和助长加班文化?我是不是也在用勤奋来对冲效率和制度设计?

如果是这样的话,管理者首先要解决自己的加班问题,并旗帜鲜明地告诉团队你的真实想法。然后和大家一起,讨论避免天天加班的方式和方法。只有这样,你才会给团队传递出清晰和明确的信号——加班不是值得表扬和鼓励的事,用最短的时间、最好的方法、最高的工作效率、拿到最佳结果,才是团队所提倡的。这样的信号和行为,会不断改变团队的加班文化,让提高工作效率成为主流文化,加班问题才会迎刃而解。

要想一劳永逸地解决加班问题,核心还是要回到团队能力和制度建设。其中,团队能力需要投入时间和精力,并非一朝一夕能快速提升的。而制度建设,却可以起到四两拨千斤的作用,通过有效的制度设计,将团队工作进行分类,哪些是可以交给员工做的,哪些必须自己做的,哪些可以与下级一起做的,等等。把这些事情搞清楚,新任管理者就可以激发员工的积极性,激活团队资源,让人尽其才、物尽其用,最终实现团队绩效最大化。

这就会涉及团队管理中的一个重要话题:授权。作为管理者,我们会经常听到这样一句话:不懂得授权的公司,永远做不大;不懂得授权的管理者,永远做不好。由此可见,授权对管理的重要价值所在。

二、有效授权的三个管理假设

为什么授权如此重要?对新任管理者而言,你要搞清楚三个管理假设。

第一个管理假设是，之所以需要授权，是因为管理者需要发挥团队的优势。

管理者从来都不是孤家寡人，不能什么事都靠自己解决。通过授权的方式，可以有效发挥团队成员的力量。这既能让事情得到更好的解决，又能让优秀的下级得到更快的成长，何乐而不为。

因此，对于管理者而言，最大的挑战有两个。第一，愿不愿意对下级授权，第二，如何有效地给下级授权。对于前者而言，特别是新任管理者，最大的顾虑是，如果对下级授权，上级会不会认为我的角色胜任有问题？下级会不会认为我的业务能力有问题？时间久了，工作都让下级做了，我自己会不会被架空，等等。

对于后者而言，对新任管理者而言，还没有掌握授权的方法，甚至连授权的意识都没有。况且，在最初走马上任的一段时间，管理者对部门和团队的问题和情况还不能完全了解，这个时候，给谁授权、怎么授权、授权的边界在哪里等，其实管理者的内心并不清楚。正是因为这两个顾虑，才造成新任管理者在授权层面的瞻前顾后和犹豫不决。

第二个管理假设是，之所以需要授权，是因为管理者需要进行团队分工与协作。

管理，需要区分轻重缓急，也需要将团队的人、财、物等资源，进行最佳配置。因此，根据团队的实际情况，进行合理分工，可以充分发挥团队作战的系统优势，让合适的人做合适的事，如此就能实现团队资源的最优化配置。

然而，对于新任管理者而言，自己搞定某个业务问题相对容易，指挥团队其他人解决同样的问题，却并不容易。有些管理者会说，有指挥别人的工夫，我早就做完了。这种急于完成任务、急于解决问题的心态，使得很多管理者不是帮助下级解决问题，而是替代下级解决问题，就像前述提到的"保姆困境"。因此，指望这样的管理者对下级进行授权，难上加难。

再有就是分工和协作。经济学家熊彼特对于企业家的最初定义，就是整合资源。意思是，通过组织内外部资源的有效整合，实现效益最大化。这其中，除了外部客户资源，就是内部团队资源。而根据诺贝尔经济学奖得主科斯的交易成本理论，企业存在的前提就是减少交易成本，意思是，通过团队内部的相互协作，产生1+1大于2的效果，如果只能1+1等于或小于2，那么建立企业的价值就不大，还不如做个体户来得实在。

千万不要小看团队内部的资源整合。特别是团队分工与协作，涉及团队人员分类、优势识别、流程优化、激励机制等。对新任管理者而言，指望他上任之初就能有效进行团队分工和协作，未免也是强人所难。

第三个管理假设是，之所以需要授权，是因为下级有成长的需求，团队有培养人才的考虑。

正确的授权，可以帮助管理者及时发现人才、锻炼人才、培养人才。而授权本身，既能体现上级对于下级的信任，也能调动下级的积极性，满足下级在职业成长方面的需求。特别是，让马斯洛需求层次中的社交需求、尊重需求、自我实现需求得到更好的体现。

但现实的挑战是，那些希望对下级充分授权的管理者发现，真到了授权的时候，团队内部却无人响应。第一种情况是，被授权的下级，没有意愿去负责这件事；第二种情况是，被授权的下级，有意愿但无能力，能不能搞定这件事还不好说。

这会让管理者非常尴尬：真的不是不想授权，而是无法授权。针对那些毫无被授权意愿的下级，你要明白阻力在哪，是利益问题，还是责任问题？针对那些无充分能力被授权的下级，你要想清楚如何帮助下级提升能力，或者如何把握授权边界，才能确保结果达成。

三、三大授权误区

由此看来，一方面，授权对于管理者和团队的意义重大，另一方面，卓有成效的授权，知易行难。正确的授权，既可以发挥团队的积极性，又能将团队优势发挥出来，还能有效地培养团队人才。这样一举数得的好事，当然是管理者的工作重点，但，遗憾的是，现实中，我们也发现很多管理者陷入了典型的授权误区，不仅没能发挥授权的价值，反而让管理陷入尴尬。

第一个误区是，授权错位。

这句话的意思是说，管理者所托非人。所谓正确的授权，是要让合适的人做合适的事。如果管理者不能将人和事进行最佳匹配，就会出现授权错位的问题。

比如，将不该授权的事，授权给下级。凡是涉及公司战略、部门发展、组织变革、梯队建设这样的事，管理的边界不容易划分，不容易界定产出和成果，且涉及的变量和问题很多，往往都会超出下级的职权范围。这个时候，如果上级轻易将这类事务授权出去，就会出现授权错位的情况，不仅不能有效地达成结果，反而会因为事务进展迟缓，影响了下级的积极性，造成部门重要事务的搁置和延迟，于人于己都不利。

再比如，将重要的事，授权给错误的人。授权是一件严肃的事，管理者需要有效识别被授权人的意愿、能力与风险。如果下级不愿意担当责任，这样的授权就比较危险；如果下级的能力不足，这样的授权，需要管理者给予配套的支持与辅导；如果下级的风险成熟度低，缺乏积极主动的工作方式，这样的授权就要三思而后行。

授权给错误的人，双方都很痛苦。因此，管理者需要在授权之前深入思考：我是否清楚授权的边界，我是否知晓授权的风险，我是否了解下级的优势，我是否进行了有效的分工，我是否界定了授权的成果，等等。如果这些问题的回答大多是否定的，那么管理者进行授权就要谨慎行事，不能为了授权而授权。在团队成熟度普遍较低的情况下，不授权、少授权，其实比乱授权好得多。

第二个误区是，授权不足。

这句话的意思是，管理者给下级授权，但却不给充分的授权，这样下级觉得很不爽，授权最终变成了双输。

要知道，授权一定会涉及信任问题。授权本身，就体现了管理者对下级的信任。如果一方面假装授权，另一方面不停地干预下级的工作，给予过多的工作指示，这样的授权，压根就不是授权，也会让下级很受伤。时间久了，下级明白了上级的套路，等到上级再想授权的时候，就选择了逃避和拒绝，让上下级协作变得被动。

这里的关键问题是，管理者要明白：任何授权，都会有一定的风险。但授权本身，就是给予下级的信任。因此，在具体的工作方式上，不应该过多地干涉下级，管理者只需要与下级明确授权的结果与边界，确定阶段性成果的反馈和沟通，约定在哪些事上绝不干预、在哪些事上需要反馈汇报，等等。这样做，就会让下级明确自己的授权边界，尽可能发挥积极主动性，从容应对问题，而不用猜测上级的想法，这样的授权，岂不是事半功倍？

第三个误区是，授权过度。

与授权不足相比，授权过度往往不容易被人发现，甚至很多管理者会认为，既然授权给下级，那就应该充分信任下级，他做得怎么样，是他的事，我只需要等待最后的成果提交即可。

请注意，对下级的充分信任，不等于甩手不管，也不等于过程失控。管理者仍然要对最后的授权成果负责。如果把授权变成了放任，而且出现了严重的后续问题，那么这样的授权，简直就是管理的"渎职"。

因此，在授权之前，管理者要充分考虑下级的优势，是否与被授权事宜相匹配；在授权的同时，应该提供哪些支持与帮助；在授权之后，管理者要根据双方确认的阶段性成果定义，在关键点检查和反馈，并及时发现问题，帮助下级解决问题。而在拿到成果后，管理者需要与被授权人总结经验教训，进行工作复盘，与下级进行系统沟通，既帮助下级总结得失，又能帮助下级提升能力，这样的授权，才是适度授权。

而那种授权之前不假思索，授权之后不管不问，出现问题后一竿子插到底，胡乱干涉下级工作的授权方式，注定会让下级感到疲惫不堪，也真的不是负责任的授权方式。因此，学会正确的授权，也是每一位管理者分工协作、打造团队、提升组织效能的必修课。

在国内，从管理实践的角度看，授权机制最完善、最成熟的代表企业，非华为、海尔莫属。他们的授权机制，不仅实现了内部资源的有效配置，还彻底颠覆了传统企业的金字塔结构，不再是"一线发现问题汇报给中层、中层收到问题反馈给上级、上级拿到问题进行决策后交给中层、中层整合方案后给一线执行"这样的传统管理模式，而是反其道而行之：让一线呼唤炮火。既然一线最熟悉市场、最了解客户、身处执行前端，为什么不能让一线决定资源的去向，中层提供资源支持，高层提供战略协同。把传统金字塔结构倒过来。这既能解决市场反应速度问题，让客户满意度更高，又能解决员工授权和职业成长问题，节约交易成本，何乐而不为。

然而，就在国内很多企业把海尔、华为的"让一线呼唤炮火"照搬过去先行先试的时候，问题出现了：一线员工有了权力，开始不计成本地投入，用过度的资源投放来追求客户满意度；中层管理者干脆做起了传声筒，上传下达，不再为一线结果承担责任；高管们继续高高在上，来自一线的问题和打扰确实越来越少，但公司的既定战略却无法落地，组织绩效不升反降。到底哪里出了问题？

这就要从"让一线呼唤炮火"的背景说起。无论是华为，还是海尔，尽管其管理风格与授权模式各不相同，但都在不断强化一线员工的主体地位。华为从"让一线呼唤炮火"到"让一线指挥炮火"，海尔从"日清日高、日事日毕"到"以员工决策为主体的倒三角模式"，再到"创客模式"，都在强调回归一线的决策优势，让听得见炮火的人指挥炮火，不让企业内部的官僚层级成为影响市场反应和客户满意度的阻碍。

毫无疑问，华为与海尔的共同假设是：让最了解市场和客户的一线员工，成为真正的调度员和指挥员。因为他们离客户最近、离市场最近，最了解市场需求与客户动态，让他们成为决策主体，就可以变过去的被动执行为主动创新，从而提升系统快速响应能力，提升客户满意度，再造企业竞争力。

这种假设与泰勒科学管理时代的传统模式格格不入。它不再将员工视为螺丝钉，或者"革命一块砖"，也不再将"白领"和"蓝领"作为群体区分标志。员工不再是不用思考的执行机器，而恰恰应该是响应客户需求的第一道关口，也是从产品导向转变为客户导向的分水岭，指挥和协调的权力正在从中高管向下延伸，一线成为企业竞争的主战场。

于是，我们也看到，华为与海尔凭借着"让一线指挥炮火"的策略，不断攻城略地，各自做到了细分行业的世界前列，并对外输出管理模式。比如，海尔管理模式成了哈佛商学院MBA最新的课堂案例，华为管理模式成为许多企业高管培训中必谈的经典研讨问题。这样的待遇，在国内只有万科、小米、阿里巴巴、腾讯、联想等少数企业可以与之并驾齐驱。

四、"让一线指挥炮火"要避免的三大问题

但，学习海尔与华为是一回事，学得怎么样，是另外一回事。国内不少企业参访海尔、华为后激动不已，马上引入他们的模式，从老板到基层，都期望马上转型成功。于是，大干快上，推翻之前的"经理－总监－高管"，或者"科长－部长－高管"等科层制模式，用创客制、合伙制来改造组织、激励员工。开始阶段，员工们摩拳擦掌、挥刀霍霍，一线终于成为主战场，员工们也有了当家做主的感觉。然而，随后不久，问题便暴露出来。

问题一：一线瞎指挥。

后端职能体系和组织发展部门费了半天劲，整合不同资源对一线提出的需求给予全力配合。但后来发现，客户给的这个需求是假的，不是真需求，等于白忙活一场，这样的事一多，老板想发飙。

问题二：一线乱指挥。

公司资源本就有限，很多情况下，必须集中于关键点发力。但一线往往抓住一个需求信号后，将后台和管理体系全部调动起来。尽管最后也拿下了订单或者解决了问题，但老板发现，总是"杀鸡用牛刀"，资源利用效率不佳。

问题三：一线不指挥。

老板发飙后，一线员工很快从"主人翁"状态，被打回到过去的被动执行状态。对自己的一线位置再次有了清醒的认识，感觉到权力依然在上级手中，因此逐渐默默无闻，"一线指挥炮火"体系开始失灵。

五、有效授权应建立的三大配套体系

为什么华为和海尔可以"让一线指挥炮火"，而你的企业却做不到？我们应该做些什么，才能让"一线指挥炮火"的体系真正发挥作用？过去很多企业的实践告诉我们，照抄照搬华为与海尔模式，注定是不成功的。你需要建立与"一线指挥炮火"相适应的三大配套体系：

配套体系之一：一线责任体系。

能不能指挥炮火，首先不是权力问题，而是责任问题。既然是责任，就意味着，一线员工要对绩效和结果负责。因此，从授权的角度，就必须考虑意愿和能力两个维度的要求。

意愿层面。既然给予一线责任，就必须有相应的激励机制。因此，高效的激励机制，是海尔和华为"让一线呼唤炮火"机制运行的基础，只有这样，一线员工才能成为"特种兵"。

能力层面。担负责任需要能力支撑，企业是否帮助员工具备这种能力？如果员工短期内无法具备，那么是否可以分解这种能力，将"一线呼唤炮火"变为"一、二、三线呼唤炮火"？让原有的中高层管理者协助和配合一线发挥指挥角色，这即是一种分权机制，也是一种责任分工体系。

配套体系之二：资源支撑体系。

让一线呼唤炮火后，炮火能不能跟上，能不能按时准确抵达目标？这些都需要企业内部强大的资源支撑体系。资源在哪里、资源储备如何、资源能否满足客户需求、资源如何在最短时间内抵达一线，等等，这些都是企业需要提前解决的问题。

因此，包括 ERP 在内的企业内部资源整合体系，仍旧是企业提升绩效的关键平台之一。唯一需要改变的是，将原来的审批与权力体系，逐步向一线过度，从流程再造、价值链优化、资源整合等角度，强化一线员工的主体地位，这样内部资源才会被激活。

配套体系之三：战略保障体系。

一线员工成主体后，中高层管理者怎么办？从海尔的管理实践看，他们的创客模式，更多的是将原来的中层作为"小微主"，高层作为"平台主"。从团队协作的角度看，中高层管理者需要回答和解决的问题是：攻占哪个阵地，聚焦哪个客户，突破哪些产品，哪个市场是现金牛，哪个市场是明日之星，以及做什么和不做什么等问题。

从这个角度而言，中高层管理者回答的仍旧是战略和方向问题。这个不清楚，一线再怎么指挥炮火都是无力的。而一线需要在具体的目标达成上，起指挥和落地作用，对具体的目标负责，对目标的达成负责。从而，有效减少过去中高层管理者在执行层面不断介入，且又不了解情况，导致被动执行的问题。

当然，让一线指挥炮火，远不是上面三个体系建设能完全解决的，还有企业制度和文化建设的推进问题。如果你不具备华为与海尔的企业文化，那么推进"让一线指挥炮火"的努力就非常困难，有时还是危险的，甚至还不如延续之前的管理体系。这个时候，管理者的审时度势更加重要，你需要决断，哪些需要改变，哪些不要改变，员工的能力和管理水平是否匹配，公司的发展阶段与团队发展水平是否匹配，公司的制度体系和激励机制是否匹配，等等。

对大多数管理者而言，与其羡慕海尔与华为"让一线指挥炮火"，不如踏踏实实练好自己的管理基本功，那才是管理者应该关注的重点所在。

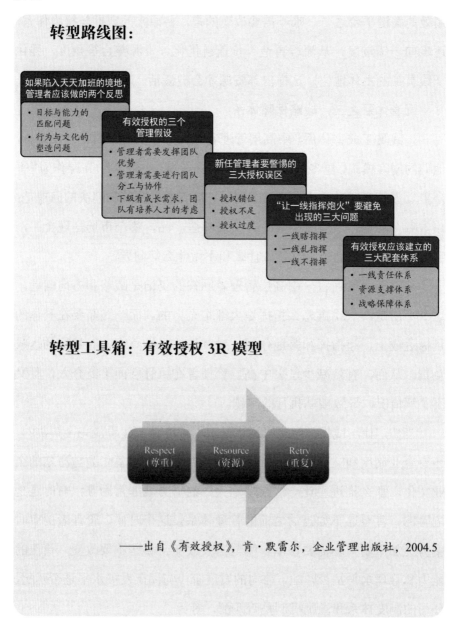

——出自《有效授权》，肯·默雷尔，企业管理出版社，2004.5

第六章 管理误区与真相之二——管理者，不是加班狂，而是给授权

转型备忘录：

1. 本章学习完毕，让我收获最大的内容是：
_____
_____
_____
_____

2. 接下来，我将要聚焦改进的管理工作是：
_____
_____
_____
_____

3. 为达成更好的管理成果，我的行动措施是：
_____
_____
_____
_____

第七章

管理误区与真相之三——管理者，不是养猴子，而是分责任

问题导读：

1. 为什么很多新任管理者会和下级"抢事干"
2. 什么样的管理者，最容易将本该下级扛的责任揽过来
3. 一味亲力亲为，会给团队造成什么样的恶性后果
4. 如何避免让自己的好心"泛滥成灾"
5. 如何根据员工的意愿、能力与水平，进行任务分工

还记得前言我们提到的那篇经典文章《谁背上了猴子》吗？它自1974年在《哈佛商业评论》发表后，历经40余年经久不衰。后来，作者威廉·安肯三世又出版了畅销书《别让猴子跳回背上》（浙江人民出版社，2013年），详细介绍了管理者如何管理跳到自己背上的"猴子"（喻为责任之意），成为很多管理者的案头书。

把责任比喻成"猴子"，不仅生动形象，而且准确到位。在实际工作中，管理者会遭遇各种下级扔猴子的情况：遇到问题，员工自己不会做，干脆让上级替代自己做；原本员工承诺完成的任务，碰到突发情况，在客观条件改变的情况下，找个理由让上级接手继续完成；管理者看着下级做某件事不得要领，干脆自己亲自上阵，让员工在一旁看着自己做，等等。客观地说，出现下级扔猴子（责任）问题，既有

员工的责任心和小聪明问题,也有上级的保姆心理和信任度问题。那么,在组织中,为什么会经常出现扔猴子的现象?

一、管理者喜欢"养猴子"的四个原因

原因之一,是企业的人治文化问题。

相比较而言,在人治文化主导的组织中,上级替下级背猴子的现象更容易发生。人治文化,强调能人体系,推崇能人搞定一切,同时又会陷入员工"一切向上看"的老板文化。因此,上级的管理偏好、性格特点,又会成为下级行为的指南针,看上级脸色行事,看上级风格做事,投其所好,就成为很多企业员工的行为写照。

应该承认,大多数企业都会经历能人文化阶段。创始人往往是企业最大的能人,若没有当初的"能人"模式,企业可能很难从创业走向发展和成熟阶段。但,所谓成也能人、败也能人,过度依赖能人模式,企业就无法进入制度性成长阶段。在"能人"模式的假设前提下,员工不会做事找"能人"(上级),员工抗不住的压力找"能人"(上级),员工不敢承诺的事找"能人"(上级)。在这样的企业,猴子自然都跳到了上级和老板身上去了。

原因之二,是组织的流程职责问题。

在很多成长型企业中,基于过去的高速增长模式,他们已经习惯了机会导向,老板和管理者往往是抓市场机会的高手,只要抓住机会,产品和服务不出大问题,那就可以占领市场获得增长。因此,所谓的流程、职责、机制等细节问题,只要别出现大的问题,就可以得过且过。

只要流程不清晰,只要职责不明确,只要机制不完善,那么制度的漏洞就随处可钻。因此,责任扯皮、相互推诿、把问题推给上级的

现象，就经常发生。再加上很多企业深层次的人治文化，最后只能靠上级的亲自推动解决问题。就这样，猴子（责任）就顺理成章地转移到了上级那里。

原因之三，是领导的管理风格问题。

管理者风格各不相同。有些领导雷厉风行，面对问题绝不心慈手软，不念私情，一定追踪到底；有些领导优柔寡断，既对下级的能力抱以怀疑，又不敢在公开场合透露半分的不满情绪；有些领导人情练达，善于中庸之道，不愿得罪任何一方，遇到问题往往不了了之。

对那些优柔寡断、心慈手软、过于人情化管理的领导者，背猴子成为大概率事件。原因就在于，在他们看来，既然员工做不来，那自己就有责任帮助他们承担。好处是，为他们赢得了体恤下级的美名。问题是，在他们包揽一切责任的背后，是员工能力和发展的停滞。道理很简单：不经历过承担责任的洗礼，员工如何才能真正成长起来？

原因之四，是员工的能力胜任问题。

这是所有管理者都会遇到的问题。企业存在的价值，不是永远处理过去的老问题，而是永远要面对新出现的问题。因此，员工能力跟不上客户的新要求，员工能力满足不了企业的新挑战，就成为管理者要面临的常态。

在这种情况下，很多管理者的第一反应，不是帮助下级培养能力，而是先解决问题，至于下级能力培养，还是放到以后再说。岂不知，管理者的这种"亲自救火"模式有极大的副作用——既然领导每次都能在关键时刻上阵救火，那还需要员工提升什么能力？再加上，很多管理者的时间总被事务性工作占用，培养员工总挤不出时间，最后也就不了了之，猴子始终都停留在上级身上。

二、什么样的管理者最容易被下级"扔猴子"

明白了上级背猴子的原因，接下来我们来看看，到底什么样的管理者，最容易被下级扔猴子？

第一类，新上任管理者。

这类管理者刚刚走马上任。一方面，迫切需要拿出业绩和绩效，证明组织没选错人，另一方面，也需要通过实际成果在团队立威立言。出发点无可厚非，但如果心浮气躁，就很容易陷入背猴子的陷阱。

为什么？因为刚刚上任，管理者对团队如何分工与协作还不熟悉，暂时还不能从团队管理层面获得突破。于是，他的目光不自觉地就会转移到业务层面：过去做过，轻车熟路，很容易见成绩。这种想法一旦夯实，管理者就会经常"抢"下级的工作，那些本就工作不力的员工看到了机会，就顺水推舟把责任给了上级，他们还会在上级完成任务后恰到好处地点个赞，让上级满心欢喜。再往后，上级就会发现，猴子越背越多，直到筋疲力尽。

第二类，专家型管理者。

这类管理者往往是业务大咖、技术专家出身，对业务问题明察秋毫，专业能力遥遥领先于团队成员。如果运用得当，这位管理者的专业经验可以变为团队的财富，让团队成员共享管理者过去的业务经验。只不过，能做到这种情况的管理者少之又少，原因何在？

答案是：管理者的专家情结。这类管理者的内心，对业务、技术和专业的追求孜孜不倦，即便是转型为团队管理者，还是很难在短期内走出业务成就感的惯性，遇到下级出现业务问题时，总忍不住指点一二,这样下级很容易把自己的工作难题扔给上级。因为他们很习惯说那句专家型管理者爱听的话:还是领导水平高,百闻不如一见,实在是佩服。那您看,接下来该怎么做?

听完这句话,专家型管理者心怀喜悦地接过了下级扔过来的猴子,然后就开始了没完没了的背猴子之旅。

第三类,全能型管理者。

和专家型管理者不同,全能型管理者往往是精通各种业务与管理问题的"能人"。这类管理者,往往发现问题一针见血、解决问题手到病除、总结经验头头是道。这类管理者往往是组织加速的催化器,会让团队进入加速状态,避免了无端的懈怠和效率上的浪费。但问题的反面是,问题都被他发现了,问题都被他解决了,团队其他人的价值何在?

在这类管理者所属的团队中,员工成长的空间也很有限。原因是,这类管理者往往在你发现答案前,给你提供了答案,在你想办法解决难题前,给了你现成的解决方案。时间久了,下级的主动思考和创新就会减少,那些充满挑战性、不确定性、创新性的工作,就自然而然地转移到那位全能型管理者身上,猴子被顺利转移。

第四类,封闭型管理者。

就管理方式而言,管理者可以被分为两大类。一类是开放式管理者,认为一切皆有可能,不给边界和限制,不把自己的经验和想法强加于人,给工作更多的可能性和创新解决方案。一类是封闭式管理者,认为一切都要有条不紊,按规矩出牌,不许逾越边界,不能随便创新,倾向按照一致的想法做事。

这两类管理者,很难说哪一种管理方式更好。从背猴子的角度而言,封闭型管理者往往更容易落入猴子陷阱。原因是,封闭型管理者要求下级按照自己的指令做事，下级很难发挥自己的创造性，但过程中又不能完全理解上级的要求和想法，于是就有了反复的沟通和反馈，一旦下级工作受阻，这时他很自然就可以告诉上级说，是按照你的要求做的，但就是没结果，你看怎么办？遇到这个问题，封闭型管理者那种保守的天性就会涌上心头：与其费力沟通，不如我来解决，免得节外生枝。你看，猴子又跳到了上级那里。

第五类，安全感差的管理者。

除了按照管理方式对管理者进行划分之外，还有一个重要标准：安全感。在管理者中，一类是安全感较强的管理者，充满自信，面对问题往往能通过各种解决方案搞定问题，而不是面对问题焦虑不安；一类是安全感较差的管理者，对一切充满焦虑，经常对下级的工作忧心不已，很难对未知的事务产生信任。

这既有性格问题，也有经历问题。在处理下级扔猴子这件事上，安全感强的管理者，一般不会干预和剥夺下级尝试和创新的权力，会给下级更多机会；安全感差的管理者，往往在暂时看不到希望和结果的情况下，提前进行干预，要求下级按照自己的要求行事。这样一来，猴子自然就回到上级背上。

第六类，好心泛滥的管理者。

这类管理者的特点是处处好心，事事好心，对任何人都好心。换个角度，所谓"好心"，其实是能换位思考，从别人的角度考虑问题。因此，这类管理者的优势在于，可以很好地处理与上下级的关系，很少会在利益层面和他人发生冲突。

然而，一旦好心泛滥，问题就出现了。不愿意拒绝别人，不喜欢得罪人，哪怕违反原则和制度。在这种情况下，很多下级容易带着问题找上他，在不愿意拒绝的情况下，很多猴子都到了他的背上。长此以往，时间已经不属于自己，团队绩效也无从抓起。

三、避免下级"扔猴子"的七个方法

作为新任管理者，千万要提防自己陷入上述六类管理者的"猴子"陷阱。从策略上讲，新任管理者可以从管理风格、过程管控、团队能力培养、授权体系建设、时间管理模式、招聘入口、减少人情化管理等层面，减少背上猴子的机会。具体而言，有几种方法。

第一种方法：收起你泛滥的好心。

好心可以，但不可以泛滥，不可以无原则。要想减少无辜背上猴子的机会，不要放任你的好心，因为到现在为止，有关"人性善"与"人性恶"的管理争论，都没有停止过。如果那么多管理大师们都无法确定管理的假设到底是人性善还是恶，我们凭什么想当然地认为，管理者的"好心"一定能带来团队管理的"好报"？

因此，面对员工出现的问题，重要的不是你的好心，而是从管理角度看待问题，如何既能帮助员工解决问题，还能提升员工的能力，还能确保解决问题的责任始终在员工身上。要做到这些，首要的一点就是，请收起你过度泛滥的好心。

第二种方法：优化流程，明确奖惩。

相对"明确"这种状态而言，"模糊"所带来的管理成本相当高。如果流程模糊，意味着员工不知道如何进行下一步工作，他只能来问你；如果职责迷糊，意味着员工不清楚何种情况下自己应该承担责任，什么情况下自己可以不用承担责任。短期内，一个员工可以主动承担模糊的责任，也会赢得大家的赞誉。但，如果这种状况持续下去，员工承担了责任又没有明确的回报，他有什么理由能坚持下去？在扛不

第七章 管理误区与真相之三——管理者，不是养猴子，而是分责任

住的情况下，寻求上级的帮助，甚至把责任转移给上级，就再正常不过了。

因此，对管理者而言，真正杜绝下级扔猴子的现象发生，还是要回到制度、流程与职责层面。面对流程的问题，短期强调责任文化，鼓励大家承担责任，长期要对流程进行持续优化，给流程漏洞及时打补丁，让流程来管人。同时，要同步明确职责和奖惩，在流程、职责、奖惩不断完善的情况下，员工扔猴子的现象会大大减少。

第三种方法：建立员工能力培养体系。

很多情况下，员工不是想扔猴子给上级，而是自己的能力确实无法胜任。特别是针对员工绩效达标情况的调查显示，影响目标达成和KPI达标的关键因素之一，就是员工的能力。没有金刚钻，难揽瓷器活，如果员工真的是无能为力，上级只能把责任扛回去。否则，如何对结果负责？

因此，从长期看，管理者要把员工的能力培养作为要事来抓。比如，可以通过选标杆的方式，让团队标杆总结工作经验和做法，通过标准化手册或内部培训，把标杆的优秀做法复制到其他成员身上；再比如，可以通过任务分级的方式，辅之以培训、考试、情景演练等方法，让员工逐步提升能力；再比如，可以通过内部技能竞赛和模拟招标等方式，让员工各自发挥所长，找到提升自我能力的途径和方法。

第四种方法：做好时间管理。

无论是彼得·德鲁克还是史蒂芬·柯维，他们都不约而同地谈到时间管理问题。著名的时间管理四象限，也把管理者的事务分为：重要、不重要、紧急、不紧急四种情况，然后得出四种象限，以此来作为时间管理的坐标。

在我们看来，时间管理象限的最大价值在于，要知道什么对自己最重要。所谓"要事第一"原则，核心就是回到对自己最重要的事情上来。对自己不重要的事，未必对别人不重要，因此才有了授权、委派等工作方式。因此，管理者可以应用时间管理四象限模型，建立自己的要事体系，减少上下级对自己的时间占用。一旦时间有了保障，背猴子的情况也将大大减少。

第五种方法：建立完善的授权体系。

如前所述，既不能过度授权，也不能授权不足。关键点在于，如何根据团队成员的优势及特点进行授权。因此，管理者要建立团队多层次授权体系，将任务难度分级、将员工胜任度分级，将任务难度与员工胜任度进行优化组合，才能从根本上解决有效授权的问题。

有了完善的授权体系，猴子很难再回到管理者身上。同时，管理者可以在内部建立相互协作机制，鼓励团队互帮互助，这不仅可以解决问题，更可以借助内部的分享与互助平台，提升团队整体能力，实现团队集体学习。

第六种方法：减少人情化管理。

从人情化管理，走向制度化管理，是目前中国企业面临的普遍问题。这不仅是因为中国现实存在的人情化社会习俗，还有管理者和员工长期建立的认知，如果哪位管理者真的"不近人情"，恐怕很难在一家企业立足。

因此，我们给出的方案，不是杜绝人情化管理，而是减少人情化管理。杜绝的目标太远，需要长期的实践和改进。在减少人情化管理层面，只要不断完善公司制度，加大执行力度，在重大原则问题上设置高压线，一旦违规绝不含糊，这就能减少人情化管理因素。一旦少

第七章 管理误区与真相之三——管理者，不是养猴子，而是分责任

了人情化管理，员工完不成任务，首要面临的是责任担当和奖惩问题，而不是用苦劳代替功劳，或者把猴子扔给上级。在压力下进化，往往是员工成长加速的最佳路径。

第七种方法：把控招聘入口。

如果再往管理的前端延伸，我想提醒管理者的是：如果有机会，一定要参与团队新员工的面试筛选。千万不要把招聘和面试的工作全部扔给人力资源部，这不仅是另外一种形式的扔猴子，而且还会让你在后续用人层面陷入被动。从招聘入口上，就选择那些敢于担当的员工，岂不是可以大大减少后续自己背猴子的情况发生？

以上七种方法，可以帮助各位新任管理者减少替下级"背猴子"的机会，用责任分解的方式，推进任务难度、员工意愿度、能力胜任度的协同一致，唯有如此，才可以减少责任推诿、互相扯皮、责任上移的状况发生。

转型路线图：

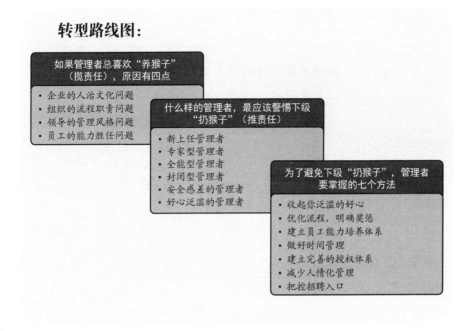

转型工具箱：时间管理四象限模型

	紧急	不紧急
重要	重要&紧急 DO IT NOW	重要&不紧急 DO IT PRIORITY
不重要	紧急&不重要 DELEGATE	不重要&不紧急 DON'T DO IT

——出自《高效能人士的七个习惯》，史蒂芬·柯维，中国青年出版社，2013.2

转型备忘录：

1. 本章学习完毕，让我收获最大的内容是：

_____
_____
_____
_____

2. 接下来，我将要聚焦改进的管理工作是：

_____
_____
_____
_____

3. 为达成更好的管理成果，我的行动措施是：

_____
_____
_____
_____
_____

第八章

管理误区与真相之四——管理者，不是"老好人"，而是定规则

> 问题导读：
> 1. 为什么有些管理者喜欢做"老好人"
> 2. "老好人"型的管理者有哪些典型特点
> 3. "老好人"型的管理者，对自己和团队会造成什么伤害
> 4. 新任管理者如何避免陷入"老好人"的管理误区
> 5. 管理者该怎样学会"关键时刻按下 Delete"

作为管理者，你的天然使命，不仅是要管好业务、创造业绩，还要带好团队、培养人才。对大多数新任管理者而言，最大的挑战，往往不在业务层面，而在团队管理层面。

面对团队中不同风格的员工，新任管理者需要了解他们的需求和特点，有时你需要同时领导几类风格迥异的下级。在这个过程中你会发现，要取得共识有不小的困难。特别是当团队成员分歧很大时，就要管理者出面来解决问题了。要知道，无论你选哪一种方案，都会有人不满，于是，问题来了，你到底该如何选择？

不少管理者喜欢做"老好人"。特别是在团队出现冲突或内部纷争的时候，选择两边讨好，或者各打五十大板的方式，把对错与否放到后面，把人际关系放到前面。当然，"老好人"类管理者，最后赢得的，

不是团队的信任和尊重，反而是大家的蔑视和误解。

一、管理者喜欢做"老好人"的三大原因

现实中，这类管理者还不在少数。为什么有些管理者喜欢做老好人？我们发现，有三种典型的原因。

第一个原因是，管理者的认知问题。

管理者非常看中和谐的人际关系，认为团队关系和谐胜过一切，只有和谐相处的团队关系，才会带来持续增长的团队业绩。这种情况下，管理者的首要职责，就不再是公平、公正地处理问题和纠纷，而是站在和事佬的角度，千方百计和稀泥。尽可能大事化小、小事化了，最好大家相安无事。

岂不知，这样的处理方式，会让团队丧失公平、公正的价值判断标准，失去了对管理者和公司应有的尊重。这样的团队，早晚会分崩离析。

第二个原因是，管理者的性格使然。

有些管理者，骨子里害怕冲突，对任何冲突与矛盾的处理方式，永远都是避之不及。实在躲不过，又会以和事佬的面目出现，这种老好人的性格，不仅会让管理者本人时常陷入纠结，还会让团队管理一团糨糊。这种情况下，组织里何为对错的标准被模糊，愿景、使命与核心价值观被丢在一边，再谈团队的凝聚力与战斗力，已是枉然。

性格问题说起来更复杂。我们要提醒管理者的是：作为成年人，至少要了解和清楚自己的性格特点，尽可能规避性格中容易造成管理问题的部分，或者通过一定的制度设计与规则，让自己性格问题不至于影响团队的关键决策。这样就可以减少性格对于管理的负面影响，让团队管理变得简单有效。

第三个原因是，团队的文化使然。

管理者所在的公司或部门，从老板到下级，已经养成了"一团和气、互不冲突、有话说半句、凡事不出头"的团队文化，这种情况下，管理者如果不想当老好人，就会显得格格不入。时间久了，要么决不妥协，一走了之；要么举手投降，彻底适应。一旦适应了这种团队文化，身在其中的管理者，都会变成老好人，没有谁能完全独善其身。

这就是为什么在公司变革和转型中，最难搞定的是文化。所谓"冰冻三尺，非一日之寒"，一个部门的官僚习气，绝不是一天养成的；一个团队唯上是从、人人拍马屁的作风，也不是一天形成的。当团队到处都是老好人，人人都期望大事化小、小事化了的时候，真正的原则、制度与流程，就会成为摆设。说归说，做归做，潜规则唱了主角，明规则就会形同虚设。

二、新任管理者如何避免陷入"老好人"的管理误区

既然做老好人于人于己都没什么好处，那么，管理者该如何避免陷入"老好人"陷阱？如何坚持原则和立场，从行为和价值观出发，聚焦业绩，提升绩效，实现团队的持续增长呢？我们给大家三个建议。

第一个建议，提前亮出自己的原则与价值观。

在开始加入团队的时候，就告诉大家你的原则和立场：什么是你提倡的，什么是你反对的，哪些是底线。一旦明确了这些，相当于管理者给团队发出了清晰的信号。哪怕在后来的团队管理中遇到问题，管理者也不用顾左右而言他，而是以当初明确的原则和立场处理问题，这会让管理者少了几分顾虑，多了几分坚定。

相反，如果管理者一开始就给团队云里雾里的感觉，大家自然要猜测：上级到底是什么风格，有什么原则和立场，吃软还是吃硬，等等。一旦遇到问题，由于管理者之前没有明确的原则与规则，最后只

能就事论事处理。但是，很多事情又不是管理者通过三言两语就能了解清楚的，一旦出现让当事人感觉不公的情况，情绪和矛盾就会集中爆发。这个时候，管理者又希望别把事搞大，然后就会大事化小、小事化了，最终形成了老好人作风。

因此，管理者要提前给团队明确的原则和价值观。用管理的话讲，相当于给团队明确的预期。先小人、后君子，管理者做起来容易，团队执行起来简单，何乐而不为？

第二个建议是，遇到棘手的问题或重大的冲突，不要两头讨好，更不要随便妥协退让。

如果暂时没有明确的结论或者公平的判断标准，那就先搁置等待。不要各打五十大板，简单粗暴地解决问题，更不要两头讨好，一味地妥协和退让。总之，不能让老好人作风，替代事实和标准本身，宁可滞后解决，也不要打太极。

对于有的管理者来说，一旦出现内部问题，惯有的思维是：一个巴掌拍不响。因此，两边都有问题，就变为他习惯性的判断依据和处理标准，这就为老好人作风或者和事佬做法埋下隐患。不从事实出发解决问题，会让双方当事人都感到不公。无论管理者再怎么当老好人，大家都觉得还是会有委屈和不解。最终换来的，大多是两边都不讨好，管理者的良苦用心付之东流。

第三个建议是，制定明确的规则、流程与制度。

遇到问题，尽可能依据制度处理，减少人为的干预，如果制度与规则能很好地解决问题，管理者当老好人的机会就大大减少了。

因此，在日常管理中，除了处理冲突和矛盾，管理者还需要从经常发生的典型问题中，梳理和总结流程、制度、规则上的缺陷和不足，及时加以完善和纠偏。然后，再通过制度建设和流程再造，机制性地解决问题，这样至少可以减少类似问题的发生。一旦规则和流程明确了，导致问题发生的潜在因素被根除了，管理者做老好人的机会就大大减少了。

三、为什么上级的"我帮忙"，会变成员工的"你应该"

在管理实践中，上述三个策略已经帮助很多管理者走出了"老好人"困境。同时，还有一个更容易被忽略的问题：帮忙帮过头。这要比"老好人"困境更进一步，而且不易被觉察。一些管理者还会天真地认为，这是在帮助下级。但帮忙帮过头，带来的恶果之一是：说好的"我帮忙"，最后变成"你应该"。

很多管理者对我说，帮忙帮过头，后果很严重。最初，管理者是基于帮助下级的初衷，指出下级的问题，而且给下级做示范和培训，如果下级还不明白，就亲自披挂上阵，帮助下级提升能力。出发点当然没问题，但帮忙帮过头，不仅会进入前文提到的"猴子"困境，还会让下级习惯了这种帮忙。

久而久之，说好的"我帮忙"，变成了别人眼中的"你应该"。不仅听不到任何感谢的话，甚至稍微回应得慢一点，都会引来些许的抱怨。

其实，这是一种双输。下级没能提升能力，上级没能达成期望。一方很受伤，一方不领情。怎么会这样？

原因之一是，上级有情，下级有意——一个巴掌拍不响。

从管理的角度看，上下级之间存在天然的角色分工。基于不同的角色分工，上下级之间有了不同的职责和使命。就上级而言，除了战略制定和决策，还需要在下级能力不足的情况下，辅导和帮助下级达成目标，这无可厚非。

但很多上级不止于帮助。一旦帮助无效，或者暂时看不到达成目标的希望，便按捺不住急躁的心，干脆自己动手做，把下级晾在一边。这样的好处是，任务可以被轻松搞定，但带来的问题是：第一，这件事不是下级完成的，而是上级完成的，下级既没有绩效产出贡献，也没有实质的能力提升；第二，下级被剥夺了任务执行的职责，对那些想做事的下级而言，存在感与成就感受到影响，对那些不想做事的下级而言，反而会助长他们不做事的坏习惯。

原因之二是，升米养恩，斗米养仇——边际效用正在递减。

民间的说法是，给人一升米，别人会感恩，持续地给人一斗米，可能助长对方不劳而获的想法，如果后续不再给予，反而会让对方滋生埋怨。转化到管理中来，意思是，你帮助下级，不代表完全替代下级做工作，帮助是为了退出（帮助下级后，下级能力提升，类似问题就不再需要上级的帮忙）。如果帮起来没完，那么每次帮助产生的效用就会下降。用经济学的话讲，就是边际效用递减。给管理者的启示是，不要让帮忙变成应该。即使从帮助下级的角度，也要问自己，你为什么要帮助他，你想得到什么，什么样的帮助对下级更有价值，类似问题将来如何让下级自己解决，等等。从这个角度出发，在帮助下级前，管理者回到初衷、回到角色，才能更好地解决问题。

原因之三是，帮忙过头，责任转移——他成旁观者，你变当事人。

这才是最大的隐患。本来是下级的事，现在完全变成上级的事，而且变成了下级问上级要结果。这是典型的"猴子陷阱"，因为责任发生了转移，当事人变成了旁观者，旁观者变成了当事人，角色完全转换，问题接踵而至。

从旁观者的角度，挑毛病很容易，评对错也很简单，所谓旁观者清。但这对于目标的分解和任务的执行，丝毫没有帮助。管理者要明白，无论什么样的帮助，都不能混淆了上下级的职责定位，都不能出现"自己干活、下级评价"的情况。

四、"好心遭遇白眼狼"的两大真相及解决方案

让我们再延伸一步。说好的"我帮忙"，不仅会变成"你应该"，管理者还会碰到"好心遭遇白眼狼"的情况：不仅不领情，下级还怀疑你的动机和想法，处处防备不合作，忙没帮成，倒是给自己添堵了。现实是，你的"好心"可能是一厢情愿。如何破局？让我们揭开问题的面纱，找到真相所在。

真相一：你以为的"好"，可能在对方看来是"不怀好意"。

此话怎讲？其实，站在不同的角度和立场，每个人的关注视角和结论完全不同。

管理者以为的"好"，可能是站在自己的立场与视角。比如你千辛万苦帮助下级提升能力，希望他多承担项目任务，你当年就是这么成长起来的。但下级却不这么认为，或许在他看来，准时下班去和女朋友约会才是最重要的事。此"好心"非彼"好意"，这种认知的错位，造成了鸡同鸭讲，甚至截然相反，最终让上下级双方都受伤。

解决方案：调整认知，及时沟通，让"好心"变"好意"。

在分配任务前，或者说在"好心"发作前，管理者要回答：这件事对执行人（当事人）有什么价值（利益），他会如何想，什么情况下更愿意去接受。切记，一定要避免单方面的"好心"作祟，站在他人的立场考虑问题，有时可能会更简单。

同时，在任务推进的前中后，及时就关键问题与下级进行沟通，而不是完全当甩手掌柜或秋后算账，那样的"好心"只能带来自我受伤。

真相二：你做出的"好"，可能对方压根就没感觉到。

事实和感受，完全是两码事。比如，买脑白金送礼的人与收礼的人，对脑白金的感受完全不同：买的人可能看重面子，用的人可能看重功能。再比如，你在情人节当天，给太太用心准备了一份礼物，但恰好那天太太因公加班，回家后本已疲惫不堪，你拿出礼物的一刹那，她可能说：放那吧，明天再看。此时，你可能有点小失落，但太太确实需要休息。

回到管理层面。从管理者的角度，你特别希望通过制度、文化与团队打造，帮助下级提升绩效，甚至每一次的绩效面谈，你都会不遗余力地介绍经验和方法，而且在你的帮助下，下级的绩效确实有所改善。但在下级看来，这些成绩的取得，是他本人努力的成果，你的那些帮助仅仅是管理者应尽的义务，或者叫锦上添花。当你做出的"好"，下级压根就没当回事或者感觉不到，你又会很受伤。

解决方案：价值需要呈现，投资需要持续，"好心"需要酝酿出"好菜"。

那句话怎么说来着？爱，要大声说出来。为什么？

因为任何互动，都需要反馈机制。如果仅仅是单向的传递，那么给予方的动力很难持续。就像微信和微博，如果没有朋友圈功能，没有了点赞和评论，你很难想象它们如何留住用户。同理，没有反馈和激励的管理链条都是枯燥无聊的，管理者需要把自己的出发点、想法以及可能带来的价值（也包括负面的风险）告诉下级，而不是自认为"这样做，对下级有帮助"。把价值说出来、呈现出来，至少可以统一认知。

换一个角度，管理者也需要耐心。有时，"好心"就像酿酒，需要时间的充分投入，指望投入一次就能收获一次，这既不符合投资法则，也不符合市场规律。至少，大家都需要时间相互了解，让"好心"持续发酵，才会有"好菜"出品。

五、为什么管理者"关键时刻无法按下 Delete"

总之,既要做好持续付出"好心"的准备(罗马不是一天建成的),也要防止在管理层面让"爱心"泛滥成灾(无原则的好心)。如何拿捏这种分寸?新任管理者需要掌握一个管理技巧:关键时刻,按下 Delete。

Delete,就是删除的意思。在一款 ThinkPad T 系列电脑中,联想的设计师特意将键盘上的 Delete 键放大,在介绍产品时,联想总裁杨元庆还专门提到这个被放大一倍的 Delete 键。他说,人们在按下 Delete 键的一瞬间,得到的是畅快,失去的是枷锁。

没想到吧。一个小小的删除键,居然可以给操作者无比畅快的感觉。在按下删除键的那一刻,除了畅快,还有当事人左右摇摆后的坚定、深思熟虑后的从容、摆脱顾虑后的坚强。总之,一切都已过去,你需要做的,就是另起一行,重新开始你的下一段精彩。

其实,管理者也需要在关键时刻,敢于按下 Delete。删除那些莫名其妙的多虑,聚焦目标,回归角色,不让无关紧要的事务影响自己,这才会有真正的高效,也是帮助你减少"好心泛滥"的根本所在。

说起来容易,做起来难。真要让管理者在关键时刻按下 Delete 键,不仅需要莫大的勇气和智慧,还需要管理者的审时度势。管理,从来都不是"收入减成本等于利润"这么简单,也不是非黑即白这么分明。用华为任正非的话讲,管理存在大量的"灰色地带"。现实中,我们无法做到,对于每件事都能先把规则、制度讲清楚,一旦出现标准不清、规则不明、制度没规定的情况,就需要管理者从事实和数据出发,依据原则与价值观,提出相对公正合理的解决方案。这个时候,敢不敢对一些行为按下 Delete 键,要不要对一些陈旧和过时的规则按下 Delete 键,会不会对一些早已不适合岗位与公司的员工按下 Delete 键,都在考验着管理者的勇气和智慧。有一种爱,叫放手;有一种管理,叫删除。既然如此,为什么现实中,很多管理没能按下 Delete 键,让"好心"泛滥成灾?

第一个原因是,管理者想抓紧解决问题,但不清楚何时才是最佳时机,再加上事务繁杂,一旦拖延,后面就会不了了之。

其实,时机问题,对谁都是决策难题,谁都不知道什么时间、做什么决定,才是最正确的。但,恰恰就是这个顾虑,阻碍着管理者按下 Delete 键。从现实来看,根本就不存在这么一个最佳时机,来让管理者恰到好处地解决问题。那些等待最佳时机的人,本身就是完美情结在作祟。任何一个决定,必然有得有失,妄想某个决策只有得,没有失,有一点痴人说梦的感觉。同样,谁也无法保证,按下 Delete 键一定对团队和组织好,但不能因为这种犹豫不决,就放弃了 Delete 的决定,给组织留下后患,那才是真正的得不偿失。

因此,在 80%考虑成熟(甚至更低)的情况下,勇敢做出决定,即使错了,为决策承担风险就好了。千万不要奢望,任何决策都万无一失。我们只能尽可能减少失误和风险,而不是完全消除风险。想清楚这些,管理者按下 Delete 键的决定会更加从容。

第二个原因是,管理者很清楚,应该马上按下 Delete 键,但由于自身性格原因,总会瞻前顾后,导致决策一推再推,最后,要么被动决策,要么贻误战机。

关于性格影响决策的问题,管理学已经给了各种解释,在此不再一一赘述。要说明的是,对于性格问题,管理者除了有必要多了解之外,还需要明白,要想胜任某个管理角色,你需要克服自身的问题,发挥优势,规避劣势,很多情况下,管理者还需要自我进化,否则,将会影响岗位胜任和团队绩效。

第八章 管理误区与真相之四——管理者，不是"老好人"，而是定规则

作为管理者，我们尤其要对一个声音特别警惕：认为性格天生，无法改变，因此管理中就可以对性格放之不顾。这是非常有问题的想法，持这种观点的管理者，似乎找到了某种理论依据，由此便对自己的性格影响管理问题不再深究，岂不知，虽然江山易改、禀性难移，但作为管理者，仍旧可以采取积极主动的措施，通过主观与客观的努力，帮助自己规避性格问题，发挥性格优势。

主观上，不断提醒自己性格的问题所在，尽可能不给自己恣意妄为的机会；客观上，通过流程、制度、规则来约束自己。包括王石、马云、任正非、柳传志、张瑞敏在内的一大批优秀的企业家，也正是通过主客观的努力，减少性格对企业、对管理的不良影响。这种自律与克己，其实不容易做到，但正是因为不容易，所以才会成为区分管理者优秀与否的关键指标。

第三个原因是，管理者按下了 Delete 键，但过不了多久，却因种种原因，又按下了恢复键，这就导致了之前的删除无效，一切照旧，问题依然是问题。

为什么会出现这种情况？那是因为，在做出某个管理决策后，由于上下级的不同意见，或者是团队内部的压力，又或者受不了别人的议论，最终瞻前顾后，对之前的决定后悔不已，然后就采取补救措施，抓紧按下恢复键。

这样的做法，不仅导致之前的决策无效，还会令管理者的权威丧失殆尽。管理者将来的决策，团队还要不要信服？是不是只要存在不同意见，管理者就可以反复无常？是不是只要有反对的声音，决策就可以改变或者延迟？这种预期一旦形成，对管理者的后续决策伤害很大，这也不是管理者最想看到的。

因此，我们给管理者的建议是，如果确实是决策失误，必须按下

恢复键，也要第一时间告诉团队，你为什么这样做，之前的决策问题在哪，造成了什么问题，为什么会改变决策；如果决策没有问题，只是因为团队里出现了不同声音，那么，请你理性、冷静地听取声音背后的诉求。如果仅仅是个体私利，这种声音不能成为你改变决策的依据，如果是大家误解了你的决策，那么就多与团队沟通，澄清你的决策和出发点，这样就能消除误解。

千万不要着急按下恢复键，因为那真的不是帮你解决问题，而是在破坏你的权威和团队信任。这也不是管理者想看到的。再说，哪怕是错了，也不要影响你后续果断按下 Delete 键的勇气，不要一朝被蛇咬，十年怕井绳。没有按下 Delete 键的勇气，就不懂得聚焦目标的重要，也不懂得管理的效率如何提高。这不应该成为阻碍你管理提升的障碍。

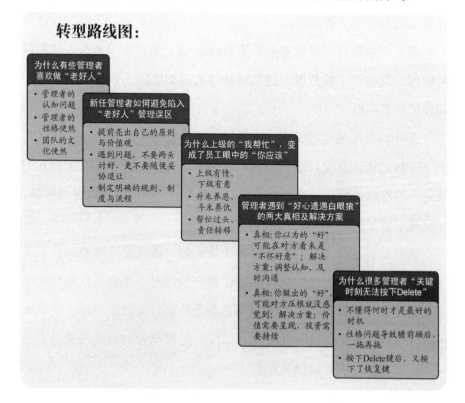

转型路线图：

转型工具箱：MBTI 性格测评指标图

E 外向 从与别人的互动和行动中取得动力	**I** 内向 从反思自己的想法、记忆和感受中获得动力	
S 实际 喜欢专注于获得的资讯及其实际应用	**N** 直觉 关注模式及联系可能的含义	
T 思考 根据逻辑和因果关系的客观分析来做决定	**F** 感觉 根据价值观做决定及考虑什么对人重要	
J 判断 有计划与条理的生活 喜欢井井有条	**P** 感知 有灵活性和即兴的方式 喜欢事情有选择性	

——出自《发现你的职业性格》，格里高力·哈苏克苏，电子工业出版社，2018.3

转型备忘录：

1. 本章学习完毕，让我收获最大的内容是：
   _____
   _____
   _____
   _____

2. 接下来，我将要聚焦改进的管理工作是：
   _____
   _____
   _____
   _____

3. 为达成更好的管理成果，我的行动措施是：
_____
_____
_____
_____

新任管理者的八大管理技能与方法

第九章

技能与方法之一——目标管理，不是加减乘除那么简单

问题导读：

1. 作为新任管理者，为什么要把目标管理作为关键入口
2. 如何区分团队管理中的真目标与假目标
3. 如何细分目标的层级、维度和范围
4. 如何将目标转化为计划、行动、结果
5. 如何将目标管理转化为团队能力打造的一部分

说起目标，不得不提管理大师彼得·德鲁克。1954年，在其享誉全球的管理学著作《管理的实践》一书中，德鲁克率先提出"目标管理"的概念，其后他又提出"目标管理与自我控制"的主张。在德鲁克看来，并不是有了工作才有目标，恰恰相反，正是因为有了目标，我们才能确定每个人的工作。

目标是企业的灵魂。没有目标，企业会失去方向，团队会失去动能，管理会失去坐标。管理者的天然使命，就是带领团队达成目标。正是从这一点出发，包括乔布斯、比尔·盖茨、贝佐斯、马云、柳传志、张瑞敏等在内的国内外顶级企业家，都将目标管理列为管理者的首要职责。

作为新任管理者，管理的入口在哪里？答案是：目标管理。现在，就让我们深入目标管理的内涵外延，知晓目标从哪里来，清楚目标向何处去，彻底搞懂目标管理的价值、方法和策略，让目标达成变为你的管理常态。

第一个关键问题是：目标从哪里来？

有人说，这还不简单，目标是上级给的。当然，你的回答完全正确。但，我们会接着问，上级的目标从何而来？你总不能接着说，是上级的上级给的吧。这也没毛病，只不过，说了半天，你只是说出了目标来源的形式，却没有回答目标的真正出处。

一、目标来源的四大视角

显然，除了上级拍脑袋定出的目标之外，目标还有更重要的出处。就管理而言，新任管理者需要搞清楚企业目标来源的四大视角。

第一大视角：战略视角——使命、愿景、价值观。

可以说，使命、愿景、价值观构成了一家企业独具一格的存续法则。使命，决定了企业存续的独特理由；愿景，决定了企业的发展方向；价值观，决定了企业的原则立场。一般而言，创始人或股东往往会为企业注入使命、愿景、价值观，这也是战略视角往往也被称为股东视角的一个重要原因。

对企业而言，所谓的不忘初心，本质还是回到企业的使命、愿景、价值观，这也是帮助企业走出迷茫的关键所在。更进一步来说，愿景就是企业的远期目标。从这个角度而言，很多企业制定的五年战略规划，其关键内容都是围绕愿景展开的。目标来源于愿景，这成为很多企业制定年度目标的重要依据。

第二大视角：行业视角——标杆、对手、增长率。

如果说，愿景还是企业目标的"自我告白"，那么，站在行业视角看目标，就是平行维度下的横向对标。与行业平均增长率相比，你的目标是高是低？与竞争对手相比，你的目标是高是低？与行业标杆相比，你的目标是高是低？

因此，站在行业视角制定目标，本质还是"照镜子"。没有对比，就没有差距。很多情况下，从行业均速、对手与标杆角度看目标，才能真正找到客观标准。企业竞争，不进则退，哪有什么岁月静好，分明就是争先恐后的能力进化，没有目标做牵引，我们很难看到一家企业的持续增长。

第三大视角：客户视角——需求、预期、满意度。

客户需求往往决定行业市场容量，也就是所谓的细分市场潜力；客户预期往往决定企业的增长幅度，越能超越客户预期，越能拥有更多的市场份额；客户满意度往往决定企业的持续竞争力，满意度越高，竞争力越持久，就越能获得超额利润。因此，满足客户（差异化）需求、超越客户（更高）预期、提升客户满意度，就成为企业目标的另一大来源。

很多情况下，客户视角的目标设定，被放到了企业目标排序的第一位。原因是，企业存在的基础，就在于向客户提供价值。如果没有客户需求、预期、满意度层面的目标设定，也就无法有效整合企业的内部资源，根本谈不上所谓的竞争力问题。现实中，除了少数垄断性企业外，还真没有哪家企业敢不把客户目标放在眼里。

第四大视角：团队视角——意愿、能力、成长性。

再伟大的目标，没有团队，没有执行，一切皆无。从团队视角看，目标需要与团队的意愿、能力和成长性相匹配。有人说，能力是逼出来的，前提是，作为管理者，你能给予员工足够的成长助推。如果既没有意愿，也没有能力，更没有成长性，再激动人心的目标，都只是纸上谈兵而已。

这也意味着，公司在制定目标时，要充分考虑团队。如果目标过低，没有给团队足够的成长空间，对那些愿意加速成长的员工而言，就是倒退或停滞；如果目标过高，且没有相应辅导体系，对那些害怕冒险的员工而言，就是大跃进和不切实际，最终也会动摇军心。

因此，作为新任管理者，你要意识到，接受来自上级的目标当然没错。但，如果你能更进一步，关注和思考目标来源的四大视角，那就避免了"只顾低头拉车，从不抬头看路"。如果你更清楚公司的战略重点，更懂得客户的需求所在，更了解团队的能力水平，你的目标达成以及后续的职场发展将更加顺利。

二、目标管理的四个层次

搞清楚目标来源的四大视角，接下来回到操作层面，作为管理者，你需要掌握关于目标的四个层次。

第一个层次：公司目标。

对管理者而言，之所以需要了解公司目标，关键在于从认知、行为和方法上，和公司目标保持一致。不和公司目标保持一致，你如何确保执行在轨？你如何在那些定性目标的推进中，实现公司利益最大化？

同时，既要了解公司目标是什么，还要清楚公司为什么要制定这样的目标，背景是什么，主要矛盾在哪里，基于什么样的前提条件，等等。了解得越多，掌握得越清楚，你后续的战略落地和团队执行就会更加有的放矢。因此，作为新任管理者，多花一些时间研究总裁战略发言稿、公司战略目标分解表、高管战略落地的行动策略等，一定会对你后续达成团队目标和个人目标有所裨益。

第二个层次：部门目标。

部门目标，或者事业部、子公司目标，一定来源于公司或集团。在了解部门目标的同时，千万不要仅仅停留在目标本身，而是回归部门的定位和职责，基于部门业务属性的目标洞察，才能帮助你真正理解部门目标。

以特斯拉为例。在产品供不应求的背景下，加大产能供应、满足一线订单，就成为生产部门的当务之急。这时，订单交付及时率，就成为衡量生产部门产能水平的关键目标。是扩建生产线，加速提升产能；还是流程挖潜，提升供应链水平；或者，寻找外包商，提升交付率，等等。你会发现，同一个目标之下，你会有不同的路径选择。这个时候，要再次回到部门的职责与定位本身，回到目标达成的约束条件（时间、产能、订单量、客户承诺、外包商成熟度等），只有这样，你才能真正找到达成部门目标的有效路径。

第三个层次：团队目标。

从团队目标开始，管理者要意识到，真正的挑战到来了。原因是，你需要把上级要求的目标，分解到团队每个人身上，不能平均主义，也不能出现责任偏移，如何将团队成员的优势与各自承担的目标结合，就需要管理者的智慧。因此，在团队目标达成问题上，如何用人所长，如何责任到人，是衡量管理者水平的重要指标。

作为管理者，你在分解团队目标时应注意什么？答案是：不要简单地加减乘除。在将所分解的目标与团队成员优势相结合的前提下，你还要注重团队不同成员的协同问题。只有分解，没有协同，目标达成的难度依然很高。在团队管理层面，过去的经验告诉我们，在团队目标分解完后，一定要横向关联，看是否有流程或职责的漏洞，然后通过协作机制，减少后续推诿扯皮的问题发生。这一点，往往是很多管理者所忽略的，也是团队目标层面的关键问题。

第四个层次：个人目标。

千斤重担众人挑，人人头上有指标。目标的背后，其实是责任体系，个人目标，就是公司体系的责任下移。否则，如果责任都停留在老板那里，谁还会全力以赴地达成目标？这也是很多公司的管理者很忙。员工却很闲的原因所在，责任没有落实到位，大家都成了旁观者，只能领导受累了。

在个人目标的推进层面，管理者要关注两个问题。第一，员工的意愿问题，如果意愿有问题，对目标的认同就会大打折扣，执行上更会拖泥带水；第二，员工的能力问题，如果能力有问题，对目标的推进速度就会大大降低，再没有好的辅导和培养，目标达成率就会成为大问题。因此，特别是新任管理者，要学会从意愿和能力两个角度推进目标分解和落地。

三、目标的两个典型区分

以上，就是管理者需要掌握的目标管理的四大层次。从公司目标到部门目标，从团队目标到个人目标，围绕责任下移，最终还是回到目标达成。但，作为管理者也要意识到，目标本身也可能会出现问题，你需要掌握有关目标的两个典型区分。

第一种区分：真目标与假目标。

怎么还会有假目标？当然有。和公司战略不相关的，是假目标；只有决心和口号，没有后续行动支持的，是假目标；远远超出团队能力，且没有系统支持的，是假目标；听起来激动人心，但听完后团队成员不当回事的，是假目标；没有责任锁定，没有奖惩机制的，是假目标。

如果需要列举，我们还能找出很多现实中的假目标。因此，作为新任管理者，你要学会辨别真目标和假目标，不要被下级的假目标所蒙蔽，也不要错过了真目标。到底该如何区分真目标和假目标？

我给大家推荐的工具和方法是：SMART 法则

✓ S—Specific，目标必须是具体的；

✓ M—Measurable，目标必须是可衡量的；

✓ A—Attainable，目标必须是可达成的；

✓ R—Relevant，目标必须和战略相关联；

✓ T—Time-bound，目标必须是有期限的。

第二种区分：大目标与小目标。

大目标与小目标，是相对而言的。作为管理者，大目标的关键是战略牵引，小目标的关键是行动加速。再说得直白点，大目标的价值在导航（时刻提醒大家，我们要到哪儿去），小目标的价值在衡量（到底做得怎么样，离终点还有多远）。因此，对于新任管理者而言，既要重视大目标的战略牵引价值，又要把握小目标的阶段管控价值，只有大小呼应，才会有的放矢。

从操作层面看，最能体现目标价值的，就是绩效。这是让管理者既爱又恨的一个词。爱的是，绩效是管理价值评估的最佳尺度，也是公司战略的衡量载体，就连那些口口声声要弱化绩效评估的公司，也不得不承认，你总要有一个尺度和标准来推进战略分解和落地。恨的是，绩效给人的压力太大，并不是每位员工都能如期完成，没完成的时候，你又要面对制度和规则。这种情况下，到底是坚守制度，还是网开一面，打分的时候给 B 还是给 C，不确定的时候怎么办，等等，都成为管理者每月一次绩效考评的纠结点。该如何用好大目标和小目标？

我们给大家推荐的工具和方法是：KPI+OKR。

KPI（Key Performance Indicator），意为关键绩效指标。根据著名的20/80法则，通过选取关键业务指标，将公司战略目标进行分解和落地，引导员工将主要精力和行为，放到最能产生绩效价值的工作上来。在大目标和小目标层面，KPI是通过自上而下的战略分解来实现的，即下级的目标来源于上级。在传统企业的经典战略框架下，KPI曾是公司战略落地的关键武器。

OKR（Objectives and Key Results），意为目标与关键成果法。由英特尔公司最早使用，后来在谷歌等互联网公司推广。本质上，它也是一种自上而下的目标分解，但更关注过程和行为，重视员工的能动性，在大目标和小目标的衔接部分，更具有灵活性，很多情况下，员工和管理者可以共同协商设置OKR目标。当然，如果能更了解互联网公司所面临的战略模糊、业务模式不清晰、产品迭代速度快等特点，你会更懂得OKR的价值所在。

第二个关键问题是：目标到哪里去。

搞清楚目标从哪里来，接下来，我们要关注的问题是：目标到哪里去。还是那句话，目标管理，不是简单的加减乘除，也不是把上级的目标平均到每个员工头上就能解决问题。把目标变成结果，把战略变成现实，才是目标管理的真正价值所在。因此，从战略出发，我们必须要清楚，目标是如何一步步变成结果的，又是如何将公司各个层级的责任贯穿起来，最终实现"千斤重担众人挑、人人头上有指标"的。

四、平衡计分卡的四大体系

所以，我们要先从战略分解的四个维度说起。这就不得不提到平衡计分卡模式（Balanced Score Card，BSC）。它源于1992年《哈佛商业评论》上的一篇文章《平衡计分卡：驱动绩效的量度》，将传统财务会计中"只注重衡量过去的结果，但无法评估企业前瞻性产出"的典型问题——拆解，重新梳理战略目标的四大体系，借此驱动整个组织的健康发展。

这四大体系分别是：财务（Financial）、客户（Customer）、内部运营（Internal Business Processes）、学习与成长（Learning and Growth）。为什么要从财务体系开始？有两个原因：第一，平衡计分卡的提出者之一的卡普兰教授，是哈佛会计学权威，在管理会计领域著作颇丰，一位财务出身的专家，首先关注财务体系，这很正常；第二，公司存在的前提是收入和利润，这也是衡量企业运营管理水平的最佳尺度，从财务体系出发去检视公司管理质量，一目了然。

为什么平衡计分卡会涉及客户、内部运营、学习与成长体系？因为，企业是个有机体，业绩也不是从天而降的，没有客户满意度，就没有业绩产出；没有内部的高质量运营，就无法保证业绩产出；没有员工和组织的持续学习和成长，业绩产出就成了无源之水。因此，平衡计分卡（包括后来的战略地图）将公司的愿景、使命、价值观、战略目标，与外部的客户、内部的管理、员工的发展进行了有效集成，并在财务目标与非财务目标、短期目标与长期目标、量化目标与非量化目标、外部目标与内部目标等层面，进行了平衡，是当之无愧的"平衡"计分卡。想想看，这与我们前文谈及的"目标的四大视角"是不是异曲同工？

作为新任管理者，你需要了解平衡计分卡的四大目标体系。

1. **财务目标体系**。

从财务层面看目标，管理者要回答：是激活存量（效率），还是提升增量（规模），是开源重要，还是节流重要，是占有率重要，还是利润率重要，等等。选择不同的目标，意味着不同的战略重点。同时，财务目标体系从一开始就在提醒管理者：不要分心，要专注；不要追求所有目标，而要追求重点目标，等等。只有设定清晰、明确、聚焦、不偏移的财务目标，企业的战略重心才会稳固。

2. 客户目标体系。

从客户层面看目标，核心要回到客户需求、客户预期与客户满意度。因此，你是靠价格取胜（如沃尔玛的天天低价），还是靠质量先行（德国品牌的做法），你是给客户多个选择（如宝洁的洗发水产品），还是突出功能主张（如王老吉），你是立足产品，还是提供服务，你是经营关系，还是打磨品牌，等等。不同的价值主张，意味着不同的业务模式，在此基础上，企业的资源体系才能被充分激活。

3. 内部运营目标体系。

如何让客户满意？显然，靠决心和口号无法解决问题。最终需要回到企业内部的产品体系、服务体系，管理者要回答：如何提供让客户满意的产品或服务？答案是：内部运营。这会涉及企业内部价值链、客户管理流程、研发与创新、供应链、安全边界等，包括 ERP、CRM 等在内的资源与工具体系，本质还是为了解决内部运营效率，提升响应速度，提高企业竞争力。因此，包括 ZARA、利丰、三星、丰田在内的全球知名企业，都将管理的内功建立在优秀的供应链管理和价值链优化基础上，由此看来，如果没有强大的内部运营体系做支撑，企业的持续增长就无从谈起。

4. 学习与成长目标体系。

有的管理者会问：我们不是在说企业的目标体系吗，怎么说到了学习与成长？没错。在卡普兰教授的平衡计分卡与战略地图体系中，学习与成长目标体系反而占了很大的篇幅和分量，原因是：企业与企业之间，真正的竞争还是要回归到人，回归到组织，回归到信息，所以，人力资本（并不仅仅是人力资源）、信息资本（并不仅仅是信息技术）、组织资本（并不仅仅是组织架构）就成为支撑企业未来增长的三大支柱。如何才能激活个体、激活信息、激活组织？那就需要团队、文化与领导力，而学习和成长恰恰是提升团队、文化与领导力的关键路径，因此，在平衡计分卡模式中，学习与成长目标体系，是公司目标体系中分量较大的一个部分。

以上，就是平衡计分卡的四大目标体系。如果新任管理者想要做更多了解，可以深入研究卡普兰教授的"一卡（平衡积分卡）、一图（战略地图）、一表（战略计划表）"，这早已成为优秀企业战略分解的标配工具，也是管理者深度了解公司战略、持续推进目标分解、系统提升管理水平的有力抓手。

五、目标管理的五大转化

知晓了目标的四大体系，接下来，我们就要回到管理一线、执行一线，针对目标落地中的关键问题，系统回答：目标是如何成为管理的中枢和纽带，并成为驱动组织前行的最大力量的。因此，管理者要搞清楚，关于目标的五个转化。

第一个转化：目标如何转化为责任？

如果目标仅仅是数字，则对管理的价值不大。而管理中，最有效的传导机制，就是责任体系。如果目标转化为责任，那么目标背后的战略价值，才能真正在组织内部落地生根。

目标如何转化为责任？显然，只靠员工的积极主动是不够的。想到责任，大多数人的第一反应是压力和风险，既然是压力和风险，人们的常见动作就是躲避，或者讨价还价。因此，要想让目标转化为责任，管理者需要从机制层面进行设计，而最好的机制设计，就是承诺。

承诺涉及两个部分。第一，是员工对目标的承诺。怎么能让员工对目标负起责任？最简单有效的方式，就是承诺。有了承诺，不管是口头的，还是书面的，本质都在目标发出者与目标接受者之间，建立了一个正式契约，而契约本身是有约束力的。第二，是公司对员工的承诺。意思是，如果员工兑现了承诺，实现了目标，公司会给予员工什么。这既包括通常所讲的绩效激励机制（奖金、提成、晋升等），还包括非物质层面，公司所能给予员工的认可、肯定与荣誉等。双方的承诺，构成了目标的责任契约，这是目标转化为责任的有力保障。

第二个转化：责任如何转化为计划？

光有责任还不够，想做好是一码事，能不能做好，是另一码事。要想让责任转化为计划，管理者需要与员工进行充分沟通：一方面，沟通有关目标设定的背景、难点和障碍，员工掌握的信息越充分，制订的工作计划就越有针对性；另一方面，通过沟通，充分了解下级的问题，帮助员工减少顾虑，从而让计划的执行更有力度。

有人说，我和下级做的沟通够多了，但为什么没有起到应有的效果？问题在于，你的沟通可能是无效沟通。比如，沟通了半天，没有达成共识；了解了下级的顾虑，却没有任何有效回应；只给员工强调了目标的重要性，却没有告诉员工目标设定的前因后果，等等。很多管理者所谓的沟通，其实是单向沟通，只是给员工传达目标和任务，这种情况下，指望沟通解决问题，效果就会大打折扣。

因此，在责任转化为计划的过程中，管理者要和员工进行充分沟通。针对目标设定的背景，进行充分沟通；针对员工的顾虑，进行充分沟通；针对过去的经验教训，进行充分沟通；针对计划中可能涉及的障碍，进行充分沟通；针对员工需要的资源支持，进行充分沟通，等等。沟通越充分，计划越有效，这也是管理者应该掌握的关键技能。

第三个转化：计划如何转化为行动？

有了计划，并不能让管理者高枕无忧。要想确保计划落地执行，你需要将计划转化为行动。何为计划？

用著名畅销书《高效能人士的七个习惯》作者史蒂芬·柯维的话讲，任何事物都会经过两次创造。第一次是头脑中的创造（想好怎么做），第二次是现实的创造（实际怎么做）。从这个角度理解计划，就是工作之前构思好路线图，什么时间、什么方式、拿到什么成果等（5W2H），正所谓"仗还没打，仗已打完"。因此，计划的好坏，关系到后续的执行顺利与否。

但好的计划，只是成功的开始。计划不可能将所有的例外都考虑清楚，也不可能让人们自动自发地执行。要想让计划转化为行动，管理者需要掌握的一个重要手段是检查。在IBM前总裁郭士纳看来，人们只做你检查的事，不做你期望的事。任何时候，都不要高估人的自觉性。通过过程检查或节点检查，及时发现行动中的问题，督促行动人及时改进，起到纠偏和辅导的作用，同时也能保证之前的计划处于"在轨"状态，这要比事后再发现问题有效得多。

要提醒管理者的是，每周的周例会（有些公司叫质询会），其实是很好的集中检查时刻。通过汇报、反馈、沟通、辅导等方式，批量解决问题。同时，将类似的项目和问题展现在一个平台上，避免其他团队或员工犯同样的错误，这何尝不是一种有效的集体学习模式？

第四个转化：行动如何转化为结果？

有了计划和行动，接下来就要进入目标的达成时刻——结果。没有结果，目标管理就失去了应有之意，也让目标管理缺少了重要的评价标准。因此，有没有结果、拿到什么样的结果、与目标之间是否有差距等，都成为目标管理的关键步骤。

除了之前提到的责任体系、计划体系、检查体系，还有什么方法能帮助员工将行动转化为结果？答案是：激励。激励分两种，一种是事后的，属于传统的绩效激励，也就是绩效评价——有多少结果，给多少奖励（或惩罚）；一种是事中的，属于过程的行为激励，也就是即时评价——好的行为保持，不好的行为改进。从管理的角度而言，过程中的行为激励，才是让行动转化为结果的最有效方式。

即时激励的关键点是什么？第一是及时，第二是公开，第三是形式。所谓及时，意思是，管理者要在员工拿到阶段成果时，立即给出激励（既包括正向激励，也包括负向激励），不要等到很多天后才给出反馈。所谓公开，意思是，一定要广而告之，不要遮遮掩掩，这样也能接受群众检验，万一你的激励有误，还可以及时纠正。所谓形式，意思是，一定要以有效的方式进行激励，激励的核心，是员工的成就感。你的激励，一定要对员工有价值、有意义，这和事后的绩效评价完全不同，如果你给员工的激励是在表达你和组织的认可，这样的激励会非常有助于员工接下来的行为重复。

第五个转化：结果如何转化为能力？

结果都拿到了，怎么还会有最后一个转化？目标不是达成了吗？是觉得结果不够好吗？

非也！最后一个转化，压根就不是冲目标本身去的。从当事人的角度而言，在拿到结果的那一刻，针对这个目标的执行已经结束。但作为管理者，花了这么多时间、精力和成本，难道只是为了达成本次目标？要不要总结经验教训，要不要把本次目标实施过程中总结的方法应用到其他工作中去，要不要把一个人的成功（或失败）变为集体记忆？

从团队成长、流程改善、经验总结等角度，管理者需要再进一步：把结果转化为标准、流程、方法与团队能力。最好的方法，就是复盘。复盘本来是围棋术语，后来被包括柳传志在内的企业家广泛应用，通过回顾目标（回想当初的目的或期望的结果是什么）、评估结果（对照原来设定的目标，看完成的情况）、分析原因（仔细分析事情成功或失败的关键原因）、总结经验（包括得失的体会、流程的改进，是否有规律性的东西值得思考和下一步的行动计划）四步法解决问题。这就把一件事的结果，转化为团队可复制的能力。真正把目标管理变为团队成长的加速器，才会有持续增长的高绩效，这也是衡量管理者水平高低的重要指标。

转型路线图：

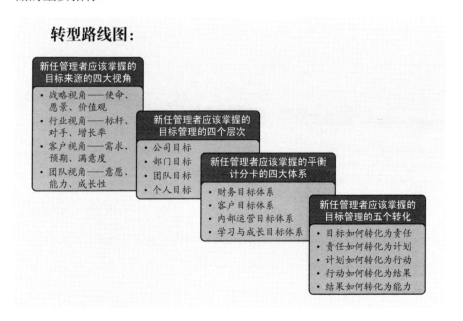

转型工具箱：平衡计分卡（BSC）模型

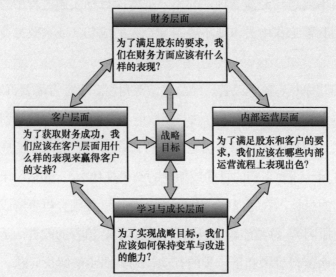

——出自《平衡计分卡：化战略为行动》，罗伯特·卡普兰、大卫·诺顿，广东经济出版社，2013.11

转型备忘录：

1. 本章学习完毕，让我收获最大的内容是：

_____
_____
_____

2. 接下来，我将要聚焦改进的管理工作是：

_____
_____
_____
_____

3. 为达成更好的管理成果,我的行动措施是:
_____
_____
_____
_____

第十章

技能与方法之二——工作委派，说得清做得到才真管用

> 问题导读：
> 1. 作为新任管理者，如何从亲力亲为中解脱出来
> 2. 新任管理者如何进行工作委派
> 3. 哪些工作可以委派，哪些工作不能委派
> 4. 针对不同阶段和性格的员工，该如何委派工作
> 5. 委派和授权的区别是什么

终于说到委派了，那些亲力亲为的管理者，是不是看到胜利的曙光了？

这当然是玩笑，但却是现实。在管理中，"委派"这个词，最初不是管理者的主动行为，而是被动行为：工作忙不完，整天焦头烂额、疲于应付，单靠自己的力量注定解决不了所有问题，因此，委派的意愿和想法，就会自然发生。

意识到自己的渺小，才会有真正的伟大。只有意识到自己的局限，才会真正懂得团队的价值所在。因此，自从管理者有了"委派"的意识和想法，所谓的培养人才，所谓的打造团队，所谓的绩效改进，才会真正落地生根。

因此，作为新任管理者，你需要了解关于工作委派的前因后果，

搞清楚工作委派的内涵与外延，掌握工作委派的技巧和方法，这才能够帮助你事半功倍地解决问题、打造团队。

一、为什么要做工作委派

首先，回答第一个问题：为什么要委派？根据多年的管理咨询与培训经验，我们从国内众多优秀企业的管理中，得到了以下答案。

第一，工作确实太多了，分身无术，必须有效管理时间。

这真的是管理者的大实话。委派，就是从管理者分身无术的被动局面开始的。作为管理者，时间是有限的，如果不能聚焦，不能有效利用时间，就无法提高工作效率。在德鲁克的时间管理四象限模型中，就对此专门做了区分，管理者需要聚焦在重要不紧急的事情上，而要把对于自己相对不重要的事委派出去。请记住，对管理者不重要，不代表对员工不重要，回归到自己的决策，回归到岗位的工作重点，才能做好区分，做好工作委派。

第二，提升下级的参与度，给予下级更多的成长锻炼机会。

与其恨铁不成钢，不如想办法把铁变成钢。这还真不是唱高调，而是很多管理者的心里话，总是觉得下级能力不足、方法不对，因此，动不动就想亲自出马解决问题。但，这毕竟不是长久之计，不把下级教会，不让下级提升能力，作为管理者的你，永远会陷入事无巨细的忙碌当中。因此，无论是主观上还是客观上，管理者都期望通过工作委派的方式，系统提升下级的能力和水平，进而提高团队绩效。

第三，提升员工的工作认同感与成就感，让行动更有效，成果更显著。

如果员工能获得更多的工作自主权，甚至包括决策，这不仅会有效提升他的责任意识，还能让员工在工作过程中增强认同感和成就感，我的地盘听我的，总要比事事都向上级汇报更有吸引力。特别值得一提的是，对于那些有能力、想挑战、总想尝试创新的优秀员工而言，在暂时无法提供充足晋升机会的情况下，通过赋予员工自主权，让他们在工作中获得更多的责任和权威，至少可以暂时减少跳槽的可能性。

二、没能推进工作委派的三大原因

看来，委派不单单是简单的任务交接，也不是随随便便的工作安排，而是要回到管理角色、回到公司战略重点、回到员工的能力提升和梯队建设等层面，这样才能搞清楚委派的价值所在。那么，接下来的问题就来了：为什么明明懂得工作委派的重要性，却还是没能推进工作委派？原因有三。

第一个原因，与工作性质有关。

首先，并非所有工作都适合委派给下级，过度委派，也是一种不负责任，如果把不该委派的工作委派给下级，那就叫委派不当，或者委派过度。很多管理者告诉我们，涉及公司战略重点和业务机密，以及决策难度较大、不确定性很强、难以监督和推进的工作，不太适合进行工作委派。反过来，非战略重点、非业务机密、不涉及关键决策、标准化程度高、流程清晰的工作，就适合进行工作委派，而且过程检查、结果评估都会非常容易，便于提升员工能力。

第二个原因，与管理者的性格有关。

有些管理者，就是喜欢亲力亲为，就是喜欢亲自解决业务和技术难题，喜欢对下级行使权力，喜欢享受负责任的感受，如果是这样的话，这类管理者往往不太喜欢进行工作委派。同时，有些管理者属于权力偏好型，非常迷恋权力和地位，即使暂时转交权力，也会让他有不安全感，而且从性格的角度，比较多疑，难以建立信任，那么这种情况下，推进工作委派的动力就会大大减少。反之，那些开放的、安全感强的、乐于助人的、不迷恋权力的管理者，更愿意进行工作委派。因此，管理者有时需要照镜子，检视自己的性格，避开工作委派的误区。

第三个原因，与下级的状态有关。

面对那些工作不靠谱的下级，作为管理者，你会放心把工作委派给他吗？面对那些本就没有意愿的员工，你如何进行工作委派？还有那些特别想做，但能力上确实不胜任的员工，到底该不该进行工作委派？其实，这涉及三种类型的员工：不靠谱的下级、不想承接工作的下级、不胜任的下级。如果你的员工，既靠谱、能胜任而且还主动要求工作委派，你真该感谢上苍了，大多数情况下，能具备其中之一，已经是谢天谢地了。因此，区分不同的员工，进行不同程度的工作委派，也是管理者的必修课。

三、什么样的任务适合管理者进行工作委派

因此，要想让工作委派取得成效，既要确定好委派任务的边界，又要找到适合委派的人。委派不清、委派非人、委派过度、委派后不追踪，都是管理者在工作委派过程中的常见错误。那么，通常来看，什么样的任务适合管理者进行工作委派？

第一，非管理者核心角色的任务。

很难想象，如果你把每月一次的团队绩效评估，委派给某一位下级负责，会在团队中产生什么效果。再比如，涉及部门或团队的重大决策，管理者也不可能委派给下级搞定。如果哪位管理者真敢那么做，我们只能说，第一，那根本不是什么战略决策；第二，管理者的认知和行为恐怕出了大问题。同时，涉及为下级分配资源、为团队进行绩

效评估、事关升职加薪的安排、需要管理者出面解决的关键事件等，都不能简单地进行工作委派。委派的重点，应该是非管理者核心角色的相关任务。

第二，下级擅长并有独特优势的任务。

如果一件事，你的下级做起来得心应手，效率更高，效果更好，为什么不能交给他来做呢？换个角度，如果一项工作，下级更了解情况、更掌握信息、更有经验，管理者为什么非要自己做呢？这恐怕是需要管理者自己反思的问题，也是很多新任管理者应该避免陷入的管理误区。从下级的角度看，做自己擅长的工作，做自己喜欢的工作，做自己更有成就感的工作，这本身就是一种内在激励，对团队绩效实在是一种大大的利好。

第三，工作难度适中的任务。

到底该给难度大的任务，还是难度小的任务？这是最能考验管理者水平的地方。如果难度过大，下级看不到希望，这样的工作，即使顺利委派下去，执行过程也是命运多舛，一定会牵扯你的大量精力和时间，这与原来的委派初衷是否一致？如果是难度太小的任务，分分钟搞定，没任何悬念，对下级没有任何挑战性，这样的工作委派，对下级又会有什么成长价值？因此，有一定难度、具备挑战性、有较大的成长空间，员工能发挥自己的优势、发掘自身的潜力，这样的工作委派，才会事半功倍。

第四，能提升下级工作满意度和胜任力的任务。

大多数情况下，管理者进行的工作委派，都应该是基于下级的岗位职责，与下级的职业发展目标相关。因此，在工作委派中，如果能提升下级的胜任力、提高创新能力、提升工作满意度，且对下级的职业规划有帮助，那么，这样的工作委派，会给下级很多内在动力。要提醒管理者的是，如果下级即将要有新的岗位角色，在此之前，从培养下级的角度，应该提前委派一些与新角色相关的工作，这不仅能帮助下级提前适应角色，还能缩短以后的磨合期，给予下级更大的成长空间。

另外，需要提醒管理者的是：千万不要用"喜不喜欢"作为工作委派的出发点。这有两个意思：第一，不要把自己喜欢的工作留下，把自己不喜欢的工作全部委派给下级，喜不喜欢，并不是工作委派的标准，特别是，如果一位上级只把那些令人心烦、枯燥乏味的工作委派给员工，你觉得员工会怎么想，他的工作满意度如何提升？第二，不要只给自己中意的员工委派工作，我们不能否认，无论是工作能力还是态度，团队中一定会有一些管理者特别中意的员工，但不能因为喜欢，就把很多工作不加区分地委派给同一个人，做得好不好先放一边，难道优秀的人就该工作更多，平庸的人就该工作很少？这不是另外一个层面的"鞭打快牛"吗？委派有风险，领导须谨慎呀。

四、管理者如何进行工作委派

搞清楚工作委派的误区和真相，接下来，我们就要进入工作委派的技巧环节，该如何委派工作，委派完之后管理者需要做些什么？在委派工作的前中后，管理者需要做以下工作。

工作委派前：定对事、选对人。

把合适的工作，交给合适的人。这是工作委派的最佳状态，也是工作委派的最佳诠释。因此，定对事、选对人，就成为工作委派前，管理者最该花时间去搞清楚的关键步骤。

何为定对事？就是我们前文提到的四大任务：非管理者核心角色的任务、下级擅长并有独特优势的任务；工作难度适中的任务；能提升下级工作满意度和胜任力的任务。因此，除了少数突发、紧急、迫不得已的"救火"事件之外，管理者真的需要确定清楚，接下来委派的工作，是否级于这四大任务，有没有涉及管理岗位核心角色的任务委派给了下级，有没有将挑战性过高下级暂时无法胜任的工作委派给了下级，有没有把自己不喜欢做但事关战略层面的工作委派给了下级。要委派的工作内容明确了，边界确定了，接下来的委派就顺理成章了。

何为选对人？意思是，根据任务的具体内容和轻重缓急，选择合适的员工进行委派。既不要"小牛拉大车"，也不要"大牛拉小车"，作为管理者，你要思考：标准化、流程化的工作，该委派给谁；有挑战性、不确定的工作，该委派给谁；内容同等难度的情况下，该委派给外向型的员工还是内向型的员工；能力相差不大的情况下，该委派给团队中的新人还是老人，等等。当管理者依据员工的风格、能力、意愿等情况，进行人与事的优化匹配时，工作委派的效率就会大大提高。

工作委派中：说明白、问清楚。

到了正式的委派时刻，除了通过那些标准化、简单化、重复化的工作用邮件、电话、微信、会议等方式进行简短委派外，大多数情况下，你都需要与当事人进行沟通。告诉他，你要委派的工作是什么，你想要的结果是什么，用5W2H的方式，说明白、问清楚，才能让后续的工作推进减少误会、提升效率。

如何做到说明白？不仅要交代任务本身是什么，还要告诉当事人，任务的背景是什么，为什么要将工作委派给他，相应的权力、资源支持、边界范围是什么，什么可以自己做主，什么必须先行反馈，等等，把这些问题说明白，要比事后追加多余的解释好得多。具体而言，管理者需要说清楚三件事。

第一，明确结果。这项任务的结果是什么，是以什么样的形式交付结果，底线是什么，期限是什么。

第二，明确责任。赋予他的权限是什么，责任是什么，遇到重要问题时，你能给予的支持是什么。

第三，明确沟通。什么情况下，必须要提前沟通进行决策，什么情况下，可以不必沟通自行决定，这方面，提前说明白比模糊要强。

对于那些能帮助员工提升能力、有利于员工职业发展目标的工作委派，我们给管理者的建议是：花一点时间，和员工沟通一下委派给他的工作，如何能帮助他提升能力，如何能有利于其职业发展目标的达成，等等。说清楚这些关键点，任务的执行会更加顺利，这本质上是在解决员工的意愿问题：不仅是给领导分忧，更是给自己的发展助力。

同时，要特别提醒管理者（尤其是新任管理者）的是：说明白的关键，不仅是管理者自己说，而是下级真的听懂了。如何确保下级听懂了？教给大家一个最简单的方法：让下级重复一遍。如果下级在重复的过程中，说清楚了任务的要求、期限、形式和结果，并提供了一些接下来执行任务的思路，显然，这要比管理者单纯说一遍有效得多。

如何做到问清楚？很多管理者，都会理解提问的价值所在。有时，直接给下级答案，不如问下级问题。正确的问题，甚至比答案本身更重要。关于工作委派时的提问策略，管理者可以掌握"三问"：

第一，问计划。管理者在讲完要委派的工作任务后，问下级有什么样的行动计划。请记住，你的重点并不是详细的工作计划，这么短的时间，他也不可能有非常完备的行动计划。作为管理者，只是通过这样的提问，来检查下级是否真的明白你的意图，真的明白任务需要达成的结果，一旦确认了这个问题，任务委派就是有效的。

第二，问难题。管理者要问下级，从过去的经验看，这项任务可能会遇到某些难题,他会怎么做。通过这样的提问,一方面,你可以评估下级在该项任务执行中的胜任力,另一方面,通过提问和沟通,把你或团队在类似问题上的经验分享给大家。这既解决了下级理解清楚任务的问题,又在关键点上提前辅导下级,一举两得。

第三,问细节。细节是魔鬼,这话一点没错。在委派工作时,除了问计划、问难题外,还要通过问细节,了解员工对所委派工作的理解、判断、思路和想法。本质上,问细节和问计划、问难题的意思都是一致的,确认下级听懂了、明白了、理解了,只有这样,才能让工作委派的效果更好。

工作委派后:做反馈、做激励。

千万不要以为,工作委派后就万事大吉了。委派工作仅仅是个开始,管理者真正想要的,还是最终的结果达成。因此,管理者要学会建立几个"假设"。

第一,假设工作没能推进,怎么办?

在工作委派后,进行关键节点检查,不仅是必要的,而且还是对下级负责任的表现。进行节点检查(最好是工作委派时约定好的阶段节点时间)或通过定期例会(项目例会或周例会)的方式,进行沟通和反馈,可以大大降低工作委派后造成的变更成本、时间成本。

第二,假设工作推进受阻,怎么办?

没有一帆风顺的航程,更没有风平浪静的工作委派。下级的工作推进受阻,真的不是小概率事件,而是大概率事件。这不仅是因为,计划没有变化快,外部客户、内部流程、跨部门协作、项目变更等,都会是工作受阻的变量,还有包括当事人的理解力、执行力、胜任力、沟通力等问题客观存在。因此,在主客观变量存在的条件下,工作受阻,不是偶然,是必然。

这种情况下，作为管理者该如何做？不是去躲避变化，也不是去抱怨变化，而是提前管控风险、减少变量。有两种方法可以帮助下级：第一，在工作委派时，共同讨论可能遇到的风险因素，一起讨论解决方案，让当事人在工作推进前做好准备；第二，通过节点沟通或项目例会的方式，及时发现潜在问题，并将其消灭在萌芽状态。

同时，要提醒管理者的是，除了解决现实问题，还要学会通过即时激励的方式，让员工保持良好状态。好的行为保持，有问题的地方改进，这样才能在策略、方法和心态上，帮助员工顺利推进。

第三，假设工作执行走偏，怎么办？

执行走偏，也是工作委派中经常发生的问题。最典型的原因包括：①进行工作委派时，当事人表面听清楚了，但还没有真正理解到位，因此在执行过程中，会出现偏差。②被委派的工作，目标和结果相对模糊，有一定的不确定性，中间没有及时沟通，因此执行人按照自己的理解去做，与管理者的要求出现偏差。③做过沟通，也达成了共识，但因为当事人能力欠缺，导致执行走偏。

针对这三个典型原因，我们给管理者的建议是：①重要的事，不仅要说三遍，还要在过程中不断重复，通过检查和沟通，确认对方的理解程度（而不是想当然），发现问题，及时纠偏。②针对不确定性相对较强的工作任务，管理者要增加检查、反馈、汇报、沟通的频次，关键时刻，还可能需要一起解决问题。③针对员工能力欠缺的问题，要么是工作委派时，没有选对人，要么是任务难度较大，员工能力跟不上。这个时候，管理者可以考虑进行过程辅导，或者要求团队中优秀的同事进行协助等，尽可能减少因能力欠缺所导致的工作受阻问题。

说到底，工作委派真的是一项系统工程。在工作委派的前中后，既要聚焦重点，又要分人分事，还要用人所长、培养人才。因此，工作委派也是管理者打造团队、提升效率、提高团队绩效的关键环节，是帮助管理者优化时间管理、聚焦战略重点、提升团队能力的重要方式。既能解决问题，又能培养人才，何乐而不为？

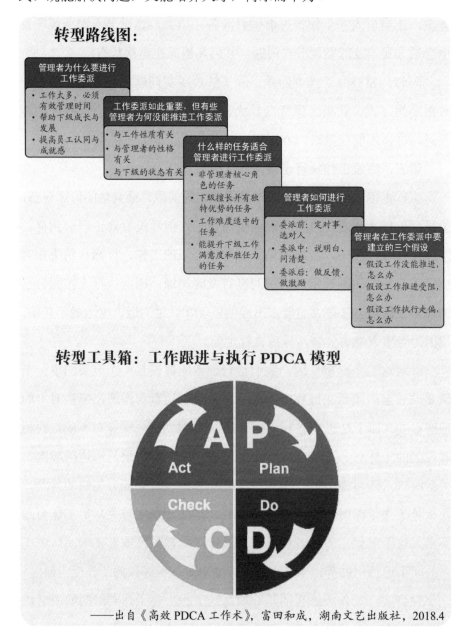

——出自《高效PDCA工作术》，富田和成，湖南文艺出版社，2018.4

转型备忘录：

1. 本章学习完毕，让我收获最大的内容是：
   _____
   _____
   _____
   _____

2. 接下来，我将要聚焦改进的管理工作是：
   _____
   _____
   _____
   _____

3. 为达成更好的管理成果，我的行动措施是：
   _____
   _____
   _____
   _____

第十一章

技能与方法之三——有效沟通，对牛弹琴真不是牛的错

> **问题导读：**
> 1. 作为新任管理者，往往会遇到哪些典型的沟通问题
> 2. 在团队管理中，造成沟通障碍的关键原因是什么
> 3. 作为新任管理者，如何让团队沟通事半功倍
> 4. 在你看来，信任在沟通中扮演什么样的角色和作用
> 5. 作为新任管理者，如何避免陷入"沟"而不通的误区

提到沟通，很多管理者的第一反应是眉头紧锁。无论是邮件、会议、面谈，还是项目推进、工作质询、问题研讨，各种形式的沟通，永远占据着管理者的日程表。沟通水平的高低，沟通效果的好坏，直接决定了管理者的工作绩效和团队发展。因此，对新任管理者而言，沟通不是选修课，而是必修课。

但，沟通面临的问题却又显而易见。鸡同鸭讲、对牛弹琴、不在一个频道等问题屡见不鲜。很多技术专家、业务大咖出身的管理者，特别讨厌开不完的会，不愿意参加复杂多变又没效果的沟通。在他们看来，有和下级沟通的工夫，我自己早就做完了。因此，少沟通，甚至不沟通，就成为很多管理者的工作常态。通常而言，新任管理者特别需要警惕的，是沟通的三大陷阱。

第十一章 技能与方法之三——有效沟通，对牛弹琴真不是牛的错

一、新任管理者常见的三大沟通陷阱

第一大陷阱：有沟通，无倾听。

在很多管理者看来，沟通主要是说明白。在一些重要的会议场合，说是团队沟通会，但基本上都是领导者的一家之言，参会者的其他人只能点头附和，根本就没有表达的机会，这也叫沟通？

事实上，对于真正的沟通，倾听比表达更重要。首先，沟通是双向的，如果只注重表达自己的观点，不了解别人的需求和差异，沟通的效果就会大打折扣。对管理者而言，不要把沟通搞成了单纯的任务分配；其次，沟通是为了解决问题，如果能靠一己之力搞定，也就不需要沟通了。但现实是，无论是项目实施，还是跨部门协同，或者计划推进，单靠一己之力无从解决问题。因此，倾听别人的意见和想法，了解别人的需求和难处，后续沟通的阻力就会大大降低，有利于问题解决。同时，在倾听的同时，可以调整自己先前的认知判断，找到更多的交集，从双赢的角度解决问题，这不仅可以有效降低冲突，还可以增加彼此的信任，减少误解，提升沟通效率。

第二大陷阱：有沟通，无共振。

双方有倾听，沟通也很深入。但，从前到后，彼此的感受就是：没有同频共振。经常是，你说你的，我说我的，我认为你说的有道理，你认为我说的有道理，但说来说去，双方还是没有任何交集，也没能解决任何问题。到底哪里有问题？

是频道出了问题：双方没能在一个频道上。要知道，针对同一个问题，不同的角色，会有不同的认知，上下级之间，尤其如此。比如说，某项目的推进遇到了强大的阻力，执行任务的下级，往往会说来自公司和上级的支持不够，因此推进难度大，而委派任务的上级往往

会说：我请你来，就是为了解决问题的，如果我的资源都够，为什么还要请你来推进项目呢？这个时候，如果双方相互调整频道，不是相互指责谁有问题，而是回到如何才能解决目前的问题角度，是不是更能实现同频共振？

第三大陷阱：有沟通，无追踪。

和上面两个陷阱不同，第三个陷阱非常隐蔽。原因是，管理者都能重视事前的沟通，但不少管理者潜意识中认为，既然沟通清楚了，后面的执行就简单多了。问题是，恰恰是轻视了沟通后的追踪和检查，才导致很多事前的沟通前功尽弃，最终换来不了了之。

所以，沟通后的追踪，非常重要。追踪不是简单的提问，也不是偶尔几次的汇报，而是按照项目的时间节点和任务安排，进行有针对性的行动和结果追踪。追踪需要发现问题，追踪需要及时反馈，追踪需要奖惩激励。这种贯穿于事前、事中、事后的全流程沟通体系，才是保证沟通成效的关键所在。

以上，就是新任管理者需要警惕的三大沟通陷阱。反过来讲，学会倾听、调整频道、实时追踪，就成为有效沟通的三大保证。同时，长期看，影响沟通的因素很多，不仅有技巧和方法问题，还有冰山下的"问题背后的问题"。要想真正提升沟通成果，还需要了解和掌握沟通的三大障碍，知晓影响沟通成果的深层次原因。

二、造成团队沟通问题的三大典型障碍

第一大障碍：认知因素。

所谓的鸡同鸭讲，所谓的对牛弹琴，80%以上都会有认知的因素存在。认知心理学中有一个经典的案例：同一幅画，有人看到了老年妇女，有人看到了青年妇女，还有人什么都看不出来。因此，面对同一

个事实,大家的认知不同,得出的结论不同,再怎么沟通,有时都很难起到作用,这也是很多管理者痛苦的原因所在。

是什么在影响认知?首先,是成长环境。在不同的家庭成长,接受不同的教育方式,经历不同的职场环境,对问题的看法大不相同。比如,提到创新创业,有人的第一反应是太冒险了,市场风险大,创业需谨慎;有人的第一反应是机会来了,错过风口,抱憾终身,因此,纵身一跃,与过去的"安稳"状态说拜拜,哪怕在创业的路上遍体鳞伤,都义无反顾。事实上,你无法简单地说哪个观点对,哪个观点错。但,事实是,大家的选择路径不同,所走的方向不同,最后的结果也不相同。其次,是性格因素。性格的形成更为复杂,既有天生 DNA 影响,又有后天的环境影响,有人对老板的新想法立马响应,有人则视而不见、不感兴趣;有人对项目中遇到的困难天生厌倦,甚至到处抱怨,有人则视困难为机会,非常看重解决问题过程中的能力成长和创新提升。这也是管理者需要学会用人所长、适人适岗的原因所在。同时,情绪也会影响一个人的认知判断。同一个问题,在理性客观情况下与情绪激动情况下,会有截然不同的两种表达和应对方式。因此,学会控制情绪,学会理性客观,对沟通的重要性不言自明。

第二大障碍:利益因素。

在公司层面,部门与部门之间,团队和团队之间,个体与个体之间,存在事实上的利益冲突。公司的晋升机会有限,组织的资源支持有限,绩效蛋糕的大小有限,因此,你多了,我就少了,就成为很多员工内心深处的沟通假设。在沟通中,怎么多得一点,就成为沟通中利益冲突的关键影响因素。

靠说教本身,很难解决利益问题。事实上,从企业存在的前提出发,竞争机制本就是帮助企业良性循环的重要保障,因此,在资源稀缺、岗位稀缺、奖励稀缺的前提下，为利益而奋斗，是一家企业持续增长的重要保证。但，这里的前提是良性的利益竞争，如果是恶性的利益竞争，我得不到，你也别想得到，我没有，我也不能让你拥有等这样的利益假设，反而会加剧公司的内耗，对团队发展大大的不利。

如果遇到利益问题的沟通，怎么办？你肯定不能视而不见，也不能拿道德说教解决问题。尊重各方的正当利益，在公平的立场下坚持原则，既不要偏袒一方，也不要怕得罪一方，以原则的方式处理问题，这也是瑞·达利欧那本全球畅销书《原则》所传达的应有之意。

第三大障碍：信任因素。

除了认知、利益因素外，信任是阻碍沟通的另一个最常见的因素。有信任，无话不谈，绝不藏着掖着；无信任，慎言慎行，凡事多留半句。因此，信任也就成为沟通成本的重要组成部分。

在我看来，影响沟通的主要有两个信任问题。

第一是"外行领导内行"引发的信任问题。

所谓"外行领导内行"有两个含义：一是，领导不懂业务——管技术的不懂技术，管生产的不懂生产，管采购的不懂采购。显然，这种情况下，指望下级服从和跟随，就需要更多的理由。如果确实是一位不懂业务的管理者走马上任，那么，至少这位管理者要懂得尊重下级的专业意见，懂得分权与授权，做到倾听和采纳下级意见，少在一些具体的业务问题上指手画脚，这样才能最大限度地减少外行指挥内行的风险和错位。二是，领导不懂管理——不懂得如何沟通，如何选人用人，如何激励下级，如何打造团队，如何提升绩效，等等。在领导不懂管理的情况下，要么亲力亲为，要么成甩手掌柜，导致团队资源错配，员工成长有限，这种情况下，要提升员工对领导的信任，就非常困难。

第二是"过分依赖权力"引发的信任问题。

权力本身所具有的强制性、惩罚性、组织赋予的正式性等，都有助于团队的执行和管理。但，过于依赖权力，过于靠权力解决问题，最终发挥作用的，不是领导者，而是权力本身，那么，"人走茶凉"也就必然发生。

权力对于信任的破坏是持久性的，权力的应用，必须限定边界。同时，即便是权力应用本身，也需要与非权力的方式相结合。任何组织任命，都不要用红头文件代替正常沟通，要倾听与尊重，不要霸王硬上弓。

红头文件，就是一种权力应用。之所以会有红头文件，最初是为了体现组织任命的权威性和严肃性，出发点在于广而告之以及赋予新任管理者官方权威，这当然无可厚非。然而，问题的关键在于，不能简单地用红头文件来替代上下级沟通，在组织任命发布前后，必要的沟通、面谈和交流不仅有助于赢得下级和团队更广泛的支持，还能帮助管理者发现问题，了解潜在的风险和关注的重点，对其工作进展大有裨益。但，如果只有红头文件，没有前后的沟通与交流，这就变成了一种强加意志——听也得听，不听也得听。管理中，这种用权力碾压民意的做法，不仅会让下级反感，还会把更多的团队成员推向自己的对立面。因此，避免过分依赖权力进行沟通，也就成为管理者自我约束的一部分。

三、新任管理者应掌握的高效沟通五大方法

了解了影响沟通的陷阱和障碍，接下来，我们一起来寻找有效沟通的具体方法和策略，让沟通事半功倍。

方法一：精准表达。

只有表达清楚，对方才能理解到位。因此，学会正确的表达，是有效沟通的关键一步。如何做到精准表达？

第一，结论先行。为什么要结论先行？首先，开门见山。有了结论，对方就不需要花时间去猜你的想法，容易引发持续的关注。其次，减少对方的误判。特别是，听了半天不知道你在说什么，不仅会影响听众的兴趣，还会增加误解。同时，减少跑题的可能。管理中，很多人表达语无伦次，一口气说好多问题，但毫无重点和逻辑，如果能做到结论先行，就能有效减少抓不住表达重点的问题。

第二，点不过三。无论是提出问题，还是表达观点，我们强烈建议大家凡事不超过三点。至于为什么是三点？说实话，我们找了很多资料，都没有确切答案。不过，《道德经》上也说"一生二、二生三、三生万物"，老祖宗都这么说了，我们就好好用吧。

第三，换位表达。意思是，表达时，你要站在对方的角度想，什么样的表达能实现你想要的结果。就算你是上级，对下级安排任务，也不能草草了事，因为如果下级不清楚，执行就会出问题，交代任务的时候，不能一次说明白，后面就会浪费更多的沟通时间。

方法二：有效倾听。

上帝给了我们两只耳朵一张嘴，言外之意是，多听少说。因此，与侃侃而谈的表达相比，有效倾听的难度更大，原因是：第一，表达往往可以提前准备，有备而来总会让你占据心理上的优势，而倾听时，你根本无法完全预料对方会说些什么，一旦倾听不到位，理解不到对方的深意，后续的沟通就会出现问题。第二，表达的关键，是说清楚自己，因此，你可以通过举例子、说案例、讲故事、谈事实等方式，帮助你精准表达。但倾听的关键，是理解对方，他的重点是什么，他

第十一章 技能与方法之三——有效沟通，对牛弹琴真不是牛的错

的本意是什么，他试图想掩饰什么，他和你真正的分歧在哪里，等等，这些都需要有效倾听。因此，要想提升沟通效率，必须做到有效倾听。该怎么做？

第一，听清楚。听清楚的关键，不仅需要你聚精会神，还需要一些常规方法辅助你完成倾听动作。比如，做笔记的方式，边听边记，避免对方要点过多，光靠大脑无法全部记住；再比如，做确认的方式，每到一个内容关键点，你可以打断一下对方，将对方重要的表达重复一遍，和对方做确认，是否理解清楚了；再比如，在一些含糊不清的表达上，可以要求对方再说一遍，或者建议对方用打比方的方式解释清楚。总之，面对任何一个倾听要点，都不能含糊，如果不能保证听清楚，后面的交流就无从谈起。

第二，听明白。听清楚，不代表一定听明白。要真正听明白，不仅要理解对方沟通的文字内容，还要回到对方的角色、情景和需求，真正理解对方的意思。因此，你需要做三个关键动作：首先，要学会提问。特别是针对对方表达中含糊不清的地方，你可以通过关键问题的提问，再次理解和确认对方的意思，这要比自以为是的理解强得多。其次，要学会思考。对方为什么会这么说，他的利益诉求是什么，他的角色是什么，类似问题上，对方之前是否采用了同样的表达，在当前场景下，对方的问题是否有其他含义。还有，要学会换位，如果你是对方，在对方的角色和场景中，你的需求是什么，哪些是自己的正当诉求，哪些是自己的利益点，等等。

方法三：呈现分歧。

毫无疑问，在沟通中出现分歧是大概率事件。对此，管理者要告诉自己，分歧不是对抗，分歧也不是你死我活。如果双方的角色不同、认知不同、面临的压力和挑战不同，那么，出现分歧就是自

然而然的事。因此，视分歧为机会，视分歧为常态，才能解决分歧、解决问题。

在沟通中，如果遇到分歧，你该如何做？首先，再次确认对方的意见是什么。之所以需要再次确认，不仅是为了避免造成理解上的误会，还可以表达你对该问题的重视和认真，这种态度本身，就是减少分歧、化解冲突的润滑剂。其次，再次表达我方的意见是什么。这样做，可以减少对方的倾听误解，有效防止鸡同鸭讲的情况发生，同时，也可以便于对方做比较，为接下来达成共识创造条件。最后，你要告诉对方，双方的分歧点是什么，征求对方对此分歧的意见和解决方案，并告诉对方自己的解决方案是什么，这就为达成共识奠定了坚实基础。

有些分歧，可能是立场不同引发的，因此，你的重点应该放在协调立场上；有些分歧，可能是利益分配造成的，因此，你的重点应该放在利益协商上；有些分歧，可能是认知不同触发的，因此，你的重点应该放在交换认知上；还有些分歧，可能是历史的积累，可能是情绪的对抗，也可能是信任问题带来的，区分这些不同情况，对症下药解决分歧，才是关键所在。

需要提醒的是，分歧并不是一天就能解决的，有些分歧可能很难解决，因此，你需要对分歧保持良好的心态。从管理者的角度看，基于不同的立场和认知，无法协调和下级的所有分歧，因此，减少分歧才是重点，而不是寻求完全消灭分歧，也是管理者需要谨记的。

方法四：寻找交集。

呈现完分歧，接下来就是寻找交集，也就是所谓的达成共识。借用数学的概念，找到双方的最大公约数，是有效沟通的目的所在。因此，只有找到交集，才能解决问题，推进执行。

很多人认为，交集就是解决方案，客观地说，这只是寻找交集的一部分，你还能找到更多的交集。比如，寻找双方的出发点交集。意思是，在无法找到共同解决方案的情况下，再次回到双方分歧的出发点，我们到底针对什么问题出现分歧？如果能在出发点层面找到更多交集，很多问题便迎刃而解了。再比如，寻找双方的利益点交集。意思是，着眼于利益，而不是分歧本身。如果到利益层面，就可以讨论大小多少问题，而不是立场层面的是非对错问题。从现实看，回到双方的共同利益角度，不仅意味着达成共识的可能性提高，而且还会产生多个解决方案，毕竟，在不同的利益格局下，双方可以设定不同层面的解决方案。

因此，寻找交集是个技术活。再给大家举个例子。在给下级分配任务的过程中，有些难度较大的任务，下级承接任务的意愿往往不强，有时还会以各种借口推诿责任。这个时候，纯粹靠发飙或者靠权力硬推，都不是解决问题的好方法。如果管理者换个角度，回到完成任务后能给员工带来的利益、对员工个人发展规划有什么助力等话题，或许能找到更多的交集。因此，寻找出发点交集、利益点交集、需求点交集，就是寻找双方交集、推进达成共识的三大支点。

方法五：留有余地。

不要把话说满，不要把事做绝，这是老祖宗给我们传下来的警世恒言。用到沟通层面，意思是，在沟通中，如果双方存在分歧，千万不要总是固执己见，也不要把问题绝对化，不然可能事与愿违，让问题解决的难度更大。

这不仅是因为问题具有时间性（在不同的时间段，问题的轻重缓急度会发生变化）、具有认知变动性（不同的角色背景下，问题的理解角度不同），还涉及团队的持续合作问题。一次把账算明白，难度过大，难免有得有失，团队协作讲究长期公平，如果不能给对方留有余地，沟通就会陷入拉锯战，甚至进入谈判状态，这肯定不是团队想要的情况。

因此，基于解决问题的需要，你要留有余地。比如，上下级之间，无论上级多么强势，下级的困难和顾虑，你都需要考虑进来。因为，最终的执行人是下级，感受到被尊重之后的执行，与感受到被强制之后的执行，在效率和效果上是完全不同的。

同时，基于关系维系的需要，你要留有余地。比如，这里的团队关系，说的不是吃吃喝喝，也不是一团和气，而是团队协作过程中的信任和支持。无论是领导力，还是影响力，都需要持久的行为做支撑，你帮助了别人，别人才会帮助你。如果一位员工每件事都斤斤计较，最终换来的，要么是没人愿意与他合作，要么是带有戒备心地与他合作，长期看，合作成本、沟通成本都相当高。

还有刚才提到的，基于认知局限的需求，也要留有余地。受制于性格、情绪、知识结构、角色等不同，人们对很多问题的认知各不相同，短时间内，要想让双方的认知完全一致，的确会有不小的难度。永远告诉自己，有一种大概率事件叫"我可能错了"，在这种情况下，不轻易否定别人的意见，换个角度理解对方，何尝不是给自己留有余地呢？

以上，就是有效沟通的五大方法——精准表达、有效倾听、呈现分歧、寻找交集、留有余地。掌握好这五大方法，会帮助新任管理者提升管理效率、提高沟通质量、减少内部冲突、推动团队协作层面获得实质突破。这也是管理者必须掌握的基本功。

第十一章 技能与方法之三——有效沟通，对牛弹琴真不是牛的错

转型路线图：

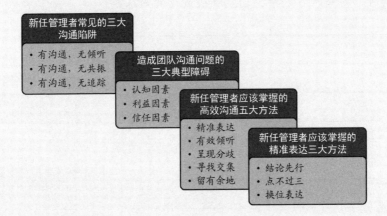

转型工具箱：STATE 高效沟通模型

——出自《关键对话》，科里·帕特森、约瑟夫·格雷尼、罗恩·麦克米兰、艾尔·史威茨勒，机械工业出版社，2012.6

转型备忘录：

1. 本章学习完毕，让我收获最大的内容是：

2. 接下来，我将要聚焦改进的管理工作是：

3. 为达成更好的管理成果，我的行动措施是：

第十二章

技能与方法之四——辅导下级，因人而异真的特别重要

> **问题导读：**
> 1. 作为新任管理者，辅导下级往往会出现什么典型问题
> 2. 为什么有些管理者对下级的辅导，完全变成了"包办"
> 3. 如何既能做到辅导员工，又能避免员工依赖领导
> 4. 针对不同的员工特点，管理者该如何进行针对性的工作辅导
> 5. 除了工作辅导外，管理者还要在哪些层面对员工进行辅导

对新任管理者而言，辅导下级"既熟悉，又陌生"。此话怎讲？

之所以说"熟悉"，是因为新任管理者之前都是优秀员工，精通业务或技术，因此，在很多管理者看来，辅导下级就是"小菜一碟"——不就是把自己之前做过的工作，教给别人嘛，这有什么难的。

之所以说"陌生"，是因为球踢得好不代表能教会别人踢球。看看那位阿根廷前主教练马拉多纳的表现，你就明白，好球员不一定是好教练。因此，辅导下级成为优秀员工，从来都不是件容易的事。

于是，问题就来了。对于新任管理者而言，该如何正确地辅导下级呢？在正式回答这个问题之前，我们需要了解辅导下级的三个典型问题，到底是什么影响了辅导下级的效果。

一、新任管理者辅导下级的三大典型问题

辅导下级的第一个典型问题：辅导变成包办——事无巨细的辅导，是有害的。

这是很多新任管理者常犯的错误。就是因为太熟悉业务或技术，对每一个项目和任务的细节了如指掌，再加上有些管理者的完美情结作祟，容忍不了下级的一些常识和细节错误，因此，恨不能自己替代下级做事，把每一个细节都给下级讲清楚，把下级的每一步动作都纠正过来。这样做的好处是，让项目和任务少出问题。但坏处是，下级就被上级死死地困住，不能有任何自我发挥的空间和余地，而且做起事来谨小慎微，每一步都要请示汇报，上级累，自己也累，搞得双方都疲惫不堪。

之所以出现这个问题，是因为新任管理者存在几个认知误区。

第一个误区是：认为辅导得越细致，下级越明白。

这大错而特错。首先，每个员工的发展阶段不同，面临的问题层次不同，辅导得过细，有的下级可能很反感；其次，过细的辅导，会把自己过去的经验强加给下级，这些经验适不适合现在，适不适合下级并不一定；还有，遇到那些特别有创新能力，特别希望自己来主导任务推进的下级，来自上级的过细辅导，反而会适得其反。

第二个误区是：认为辅导得越全面，效果会越好。

有的管理者喜欢面面俱到，唯恐员工不清楚背景和细节，因此，在辅导的时候，从为什么做，到怎么做、出现问题怎么办、如何收尾等，都一五一十地告诉员工。问题的关键是，给员工辅导是一回事，如何让员工消化吸收是另一回事。员工的能力不是一天就能提升的，也不是通过一件事就能提高的，因此，并不见得辅导得越全面越好，

对于那些优秀的员工而言,上级的"留白"反而会让他们的发展更好。

第三个误区是:认为辅导得越频繁,下级成长越快。

有些管理者,喜欢与下级打成一片,这当然是好事,可以近距离了解业务进展和员工成长。但问题是,下级的成长分为不同的阶段,在他不熟悉业务和流程的情况下,可以多和员工交流。而一旦进入加速阶段,管理者要开始学会放手,要有意识地让员工独立成长,过于频繁的辅导,未必就是对员工的爱。

那么,如何走出这三个误区?在多年的管理咨询和培训生涯中,很多优秀管理者给了我们三点建议。

第一点,辅导要区分对象。

不同风格的下级,辅导方式不同,有的下级需要细致入微的辅导,有的下级需要给出充分的空间,有的下级需要在观点上进行辅导。因此,管理者要区分不同的辅导对象,根据他们的特点进行辅导。

第二点,辅导要区分阶段。

在下级发展的不同阶段,辅导的侧重点和方式各有不同。对于刚入职的新员工,你的辅导需要细致入微;对于老资历、老资格的员工,你要有的放矢;对于优秀的标杆员工,可能只需要你给点方向,剩下的事他们都能搞定。因此,针对员工的不同发展阶段进行有区分的辅导,才是辅导的正确方式。

第三点,辅导要区分场景。

哪怕是同一项任务,场景不同,辅导方式也要不同。比如,时间紧、任务重的情况下,你如何辅导?完全创新的工作,你如何辅导?标准化、流程化的工作,你如何辅导?对场景的要求,意味着管理者要审时度势,转化自己的辅导方式。

辅导下级的第二个典型问题:辅导过于心急——一竿子插到底,

很伤人。

对于从业务、技术一线晋级而来的新任管理者而言，他们对业务细节可谓了如指掌。下级的任何一次汇报，都逃不过他的法眼，不管是业务流程，还是执行细节，管理者都能在最短的时间内发现问题所在，然后帮助下级针对问题形成解决方案。这样的速度和效率，就成了一些管理者洞察业务、持续改善绩效的撒手锏。

对业务熟悉，这当然是好事。至少，这不会引发外行指挥内行的管理错位。任何一家公司，都会把是否熟悉业务，作为选拔管理者的必要条件。他们的优势在于，了解和掌握业务流程，精通业务改进，能够帮助下级改善绩效，并能把自己在过往业务中的丰富经验，复制到团队身上，成为整个团队能力提升的助推力。

但凡事都要有个度。一旦做过了头，问题立即就显现。比如，一位精通业务的管理者，如果不满足于辅导者的角色，亲自披挂上阵解决问题，这在初期可以起到示范作用，但如果每次都这么做，下级闲在一边，上级亲力亲为，这是在帮上级提升能力，还是在帮下级提升能力？

再比如，从业务岗位晋升上来的管理者，敏锐地察觉到，某个业务问题可能会影响公司的流程再造，他接下来的做法，不是辅导下级提升能力、解决问题，而是直接越级到一线，亲自动手解决问题。这哪里是辅导，简直就是包办。上级亲自出面解决问题，当然是效率最高、速度最快，但背后除了管理者的业务水平高以外，还有一个不易察觉的真相：管理者可以调动的资源和权力当然要比员工多，利用更多的资源和权力解决问题，短期是有效的，长期呢？难道任何一件事，都要逼着管理者亲自出面解决问题？更要命的是：一旦这样的行为成为习惯，下级出现问题，一定不会自己动手，而是马上找领导搞定。

第十二章 技能与方法之四——辅导下级，因人而异真的特别重要

因为他知道，靠自己的力量搞不定，简直就是浪费时间，还不如找直接找领导解决问题。

为什么很多新任管理者，喜欢一竿子插到底？有三个原因。

第一个原因是，潜意识作祟。

这一点很容易理解，大多数新任管理者，都是业务骨干出身，多年来养成的业务敏感度、技术洞察力，已经深入到潜意识，遇到任何问题，第一反应就是怎么搞定。而且，很多新任管理者的成就感依然停留在业务和技术上，因此，提到业务和技术问题就兴奋，就想冲上去解决问题，把本来应该做的辅导工作，忘得干干净净，如果再被个别下级所利用，那么，很不幸，这位管理者可能就会陷入我们前文所说的"背猴子"的困境。

第二个原因是，禁不住的完美情结。

业务专家、技术大咖往往追求精益求精，希望能以最好的方式解决问题。这么多年，他们就是这么走过来的，也确实攻坚克难，解决了很多实际问题。但，成为管理者之后，这种完美情结已经停留在业务和技术层面，哪怕是下级能力不高，管理者也期望能完美地解决问题。一方面是下级的能力不强，一方面是自己的期望过高，辅导了半天，下级还是不能理解，也不能短时间内解决问题，那么，最后的结果，只能是管理者披挂上阵，辅导也就成了亲力亲为。

第三个原因是，对下级能力不信任。

这是很多新任管理者意识不到的问题。无论是追求完美，还是潜意识中习惯亲自解决业务和技术问题，本质上都是对下级能力的不信任。换个角度看，大多数情况下，管理者都要面对一个现实：下级的业务能力、技术水平暂时不如你。这个时候，辅导才有意义，才能具备真正的管理价值。如果不顾员工的现实情况，只想着快速解决问题，

那么，问题是解决了，但团队能力却没能提升，长期看，得不偿失。更糟糕的是，一旦你习惯了一竿子插到底，下级的反应，就是你不信任他，后面的管理难度就更大了。

既然如此，作为新任管理者，如何避免自己陷入"一竿子插到底"的误区？我给大家三个建议。

第一个建议，时刻提醒自己回归角色。

你是管理者，不是员工。因此，你的核心是辅导员工做到，而不是替员工做到。经常提醒自己的角色是谁，本角色的主要工作是什么，什么该做，什么不该做，回到岗位职责和要求，就会减少自己一竿子插到底的可能。

第二个建议，分配任务要合理。

任务分配是一门科学，我们在前文中有过描述。在这里，我们要特别提醒管理者：一定要根据团队成员的特点、能力水平、发展阶段，分配不同的任务，然后进行定向辅导。如果你让新员工负责难度很大的工作，那不叫分配任务，而叫赌博，无论你怎么辅导，可能最终的效果都不好。因此，任务分配越合理，辅导的针对性越强，辅导的效果越好，就会大大减少一竿子插到底的情况发生。

第三个建议，团队要分层。

分层的意思，不是分化团队，而是根据团队人员现状，按照工作经验、成熟度、胜任力等指标，将员工分类。哪些员工经验少、成熟度低、胜任力差，应该如何进行辅导，需不需要管理者亲自辅导，请谁进行辅导最合适，等等；哪些员工经验足、成熟度高、胜任力强，他们适合什么样的任务，你应该对他们进行什么层面的辅导，等等。通过分析团队特点，区分不同的团队成员，你的辅导就能事半功倍。

辅导下级的第三个典型问题：辅导成为较劲——你永远叫不醒一

第十二章 技能与方法之四——辅导下级，因人而异真的特别重要

个装睡的人。

看到这个部分，我们相信能让很多管理者释怀。不要把自己当救世主，辅导也不是解决员工问题的万能神药。承认吧，辅导的作用是有限的，而不是万能的。千万不要被老板那句"下级的问题，统统都是你的问题"搞得心神不宁。请你记住，你无法让每一位员工成材，你无法让每一位员工都变成高手。辅导成功的前提是，员工必须是有潜力的，员工必须是能被激发出来的，如果有些员工压根就对工作不感兴趣，没有任何潜力可言，你再怎么辅导，都无济于事。

这就是赤裸裸的现实。因此，辅导不要较劲。早承认这一点，就能早解放出来。用时下最热的话讲，你永远叫不醒一个装睡的人。在辅导下级时，你应该特别留意那些"装睡"的人。他们是谁？

第一，"装睡"的人，往往对工作不感兴趣。

如果遇到对工作不感兴趣的下级，而且确认过多次，他本人对工作的意愿很低，不主动做事、不解决问题、不带来绩效，那么，赶快放人一条生路吧，别想着怎么辅导他了，任何辅导到他那里都会苍白无力。

第二，"装睡"的人，往往安于现状逃避挑战。

这类员工的典型特点，就是得过且过，而且对现状很满意，不喜欢上级给予的任何挑战和压力，遇到问题绕着走，遇到挑战赶紧避开。至于那些来自上级的辅导，也被当成是一种麻烦和障碍，表面听从，背后不从，绝不做任何改变，也不做任何改进的行动。因此，上级的辅导总会打水漂，对这类员工而言，上级的任何用心良苦，最终都会一无是处。

第三，"装睡"的人，往往想方设法阻碍你的管理。

既然是"装睡"，那么这类员工其实是清醒的。因此，他还对周围的变化洞察秋毫，凡是那些有可能影响和损害自己利益的行动，都会

被他想方设法地阻止。你的好心辅导,也会被当成不怀好意。因此,辅导的动机再好,方法再恰当,最后都将无济于事。

如果管理者遇到这三类员工,一定要多加小心。最好的办法,就是赶紧放手。要知道,保留让员工离开的权力,也是对团队活力的一种负责。除了淘汰,面对这类员工,管理者还可以采取什么样的方法?

第一种方法,调岗。在这个岗位不合适,不代表其他岗位就不需要,因此,可以征求员工的意见,找一个更适合他的岗位,或许能让这类员工更加清醒。

第二种方法,考核。无数人讨厌KPI,但,在有更好的方法前,考核却是最不差的方法。这话听起来很别扭,但是骡子是马,拉出来遛遛。与其千方百计地相马,不如直接赛马来得简单。所以,采用考核方式,只要标准统一、公平公正,也是让"装睡"的人苏醒的最佳方法。

第三种方法,选择合适的任务包。如果是体制原因,无法淘汰,暂时又不能调岗,而考核方式又不了了之,那么,最好的方式,就是选择适合他的工作,特别是简单化、流程化、标准化的工作,降低工作难度,减少辅导成本,对管理者而言,也是一种解脱。

二、新任管理者辅导下级的三个真相

以上,就是管理者辅导下级时,经常遇到的三个典型问题。了解了问题,我们才能真正对症下药,找到辅导员工的正确方法。在此之前,我们还要再进一步,特别是对新任管理者而言,你需要掌握辅导下级的三个真相。

第一个真相:时间才是最大的变量。

管理者要做好准备。辅导员工这件事,既费神又费力。谁不想用那些经验丰富的员工?谁不想团队成员个个都积极主动?但理想很丰

第十二章 技能与方法之四——辅导下级，因人而异真的特别重要

满，现实很骨感。辅导员工，是大多数管理者必须掌握的关键技能，也是培养团队的必经之路。

所以，管理者要认识到，辅导员工不是短期行为，而是长期行为。既然是长期行为，时间才是解开这个方程的最大变量。因此，辅导员工需要分阶段、分步骤进行，需要不断进行试错，需要像养花一样，不断地浇水、施肥，而且还要耐着性子去陪伴员工成长，这对管理者的挑战确实很大。

第二个真相：因材施教才是硬道理。

看过电视剧《士兵突击》的朋友都知道，许三多与成才是两类不同的员工。一个极其聪明，智商和情商俱佳，上进心满满，虽然最后因为动机不良出了问题，但不可否认的是，很多管理者希望遇到成才这样的员工。只不过，对成才这类员工的辅导，重点不在方法，而在愿景和价值观，这就是另一码事了。

而对于许三多这样的员工，那位叫作史今的班长，可谓功不可没。面对这样一个既没有意愿又没有能力的员工，大多数情况下，淘汰是最佳选择。但班长觉得，这位员工是自己招的，无论如何都要试一下，然后就采取了各种办法。感兴趣的管理者，可以重温一下《士兵突击》有关许三多训练的片段，你就能发现，这位叫作史今的班长，是如何循序渐进，在意愿、能力和方法三个维度上，辅导许三多不断提升，最终成为 A 大队的一员的。这个难度，绝不亚于将一个绩效打 C 的人，提升到绩效 A 的水平。因此，孔老夫子所说的因材施教，真的是辅导员工的不二法门。

第三个真相，有些辅导，注定是无效的。

真相往往是无情的，但这确实是真相。这句话其实有两个意思：第一个意思是，对于极个别员工而言，任何辅导方式，都可能是无效

的。这不是因为辅导方法有问题，而是因为辅导的对象错了。搞错了对象，再好的方法都无济于事，而且，管理者费尽心机的辅导，往往会适得其反，浪费了大量的时间和精力，最终得不偿失。第二个意思是，那些说教式辅导、打鸡血式辅导、灌输式辅导、空对空的辅导，效果将越来越差，甚至会适得其反。原因就在于，这些辅导与实际业务问题不相关，与员工的应用场景无关，停留在道理和口号上，往往于事无补，员工听得多，也就麻木了。

当管理者了解了辅导的真相，我们就可以因人而异，进入具体的辅导策略和方法。按照不同的员工特点和绩效情况，根据经典的"will-skill（意愿—能力）"模型，我们通常会区分以下四类下级进行针对性辅导。

第一类员工：意愿高、能力强。

一般而言，这类员工的特点是：积极主动，潜力无限，对自我成长要求很苛刻，愿意承担责任，能将上级安排的工作高质量地完成。而且，上级也习惯将重要的、有挑战性的、对团队影响较大的工作交给他。通常而言，这类员工的升职加薪概率更高，也容易受到上级的器重。

对于这类员工，管理者应该采取的辅导方法如下。

（1）充分授权：既然能堪大任，那就放手让他翱翔。因此，在充分评估其意愿和能力的基础上，给予其充分授权，不仅能让这类员工发挥所长，拿到满意的工作成果，还能激发他们的潜力，提升这类员工的工作成就感。

（2）给予机会：对于一些具有创新性、不确定性、挑战性的工作，管理者要多给这类员工尝试的机会。同时，在委派工作后，进行关键节点的跟踪，在关键障碍点上，给予工具、方法、技能的辅导，如果出现难题和障碍，管理者要和这类员工一起面对问题，给予支持和帮助。这样的陪伴，才是给予员工最佳的辅导。

（3）职业规划：对于这类员工，只要给予机会和激励，他们的成长速度往往很快。这个时候，事务层面的辅导，对其成长的帮助有限，反而需要管理者在职业规划层面对这类员工进行有效辅导。因此，至少每半年（或季度）一次的职业规划面谈，就成为辅导这类员工成长的最佳方式。帮助优秀员工减少职业迷茫、做好职业规划，是每一位管理者的责任和使命。

第二类员工：意愿高、能力弱。

一般而言，这类员工的特点是：愿意做事，愿意承担责任，愿意在工作中尽可能多地付出。但，问题是，结果不怎么好，绩效不怎么高。这也是让很多管理者头疼的地方，毕竟，长时间没有好的结果和绩效，对团队和组织就会有影响。

对于这类员工，管理者应该采取的辅导方法如下。

（1）做示范。在给这类员工交代工作的时候，不能停留在"讲清楚"的层面，还必须做示范。特别是，对这类员工而言难度较大的工作，管理者做示范非常重要，不仅要说清楚、讲明白，还要带着做一次，才能对这类员工有所帮助。当然，这种方式非常耗费管理者的时间和精力，甚至很多管理者示范久了，就干脆自己做了，变成了亲力亲为。但，面对这类员工，管理者确实需要做好准备，至少一段时间内，需要通过示范这种方式辅导员工，至于如何防止示范变成亲力亲为，那是我们之前讨论过的问题了。

（2）追过程。对这类员工而言，管理者还要追过程，加强过程汇报和反馈，这样做的用意，是纠偏和帮助：防止员工工作出轨，及时发现能力不足所带来的问题，进行必要的指导和帮助。某种意义上而言，这类员工的成长，大多都是在管理者的过程追踪中实现的，及时发现问题、及时知道方法、及时解决问题，这才是过程辅导的最大价值。

（3）选导师。刚才在"做示范"的方法中，我们提到了管理者需要给这类员工做必要的示范。但有些管理者会觉得特别耽误时间，怎么办？替代方案来了。那就是，请优秀员工做这类员工的导师，采取"师带徒"的方式，既能快速提升这类员工的能力，又能锻炼优秀员工传帮带的能力，一举两得。

（4）降难度。既然这类员工的能力低，为什么还非要用难度较大的工作考验他呢？能力提升，需要时间和历练。因此，从短期看，多给这类员工安排简单化、标准化、流程化的工作，会有助于这类员工改进绩效。你要做的是，让这类员工在完成工作后，不断地总结和改善，通过某些工作的定向重复和训练，帮助员工系统提升能力，这也是很多企业批量化打造员工的关键。

第三类员工：意愿低、能力强。

一般而言，这类员工的特点是：能做成事，绩效也不差，但只做职责以内的事，领导交代的其他工作，要看心情好坏来决定做还是不做，在承担责任层面也会打折扣，上级交代难度较大的工作时也会讨价还价，这样的员工让很多管理者更头疼。

对于这类员工，管理者应该采取的辅导方法如下。

（1）用人所长。千万不要小看这类员工的能量，一旦管理者能够用人所长，找到这类员工的优势所在，然后匹配相应的工作任务，那么，在某些单项层面，其所取得的成就，并不比"意愿高、能力强"的员工低。因此，管理者花时间去了解这类员工的长处，进而匹配相应的工作，并激励他做得更好，而且赋予其一定的授权，根本不太需要你关于细节的辅导，这类员工就能如你所愿。

（2）竞争考核。某种程度上而言，凡是那种很有能力，但绩效却远未达预期，总是在上级交代任务时讨价还价，找各种理由降压力、提要求的员工，内心都是比较纠结的，要不然，他早就选择远走高飞了，毕竟这样的员工，凭能力可以找到适合的工作。之所以没走，是因为还有留恋的地方。因此，除了上面提到的用人所长，还可以用竞争考核的方式，通过设定标准，让其进入赛马状态，这不仅能检验他的能力，还能帮助他减少纠结：做，还是不做，痛快点，不要浪费自己和组织的宝贵时间。

（3）非正式沟通。对于这类员工，管理者还需要通过非正式沟通的方式，了解其障碍和问题，找到其意愿低的根本原因（待遇问题、机会问题、公平问题、状态问题等），然后通过多次的沟通，帮助他解决问题。这种辅导，就是基于员工心态的深度辅导，往往要比那些就事论事的辅导效果好，因为这类员工面临的问题，往往无关方法和能力，而是涉及心态和认知。

第四类员工：意愿低、能力弱。

一般而言，这类员工的特点是：得过且过、排名靠后、消极被动，在团队中长期处于边缘状态，游离于团队之外，往往给团队带来负面影响。他们也是在每次管理层会议中，要么被炮轰、要么被遗忘的一群员工。

对于这类员工，管理者应该采取的辅导方法如下。

（1）给期限。如果一而再、再而三地证明，无论是意愿和能力，都无法胜任岗位。那么，不好意思，请管理者收起你的慈悲为怀，有一种爱叫放手。或许，放手才是对这类员工最负责的一种方式。

（2）转岗。如果证明无法胜任某岗位，那么在重新评估其能力的情况下，安排其他更适合的岗位。事实上，人岗匹配才是辅导的前提，否则，任何员工辅导都没有多大效果。

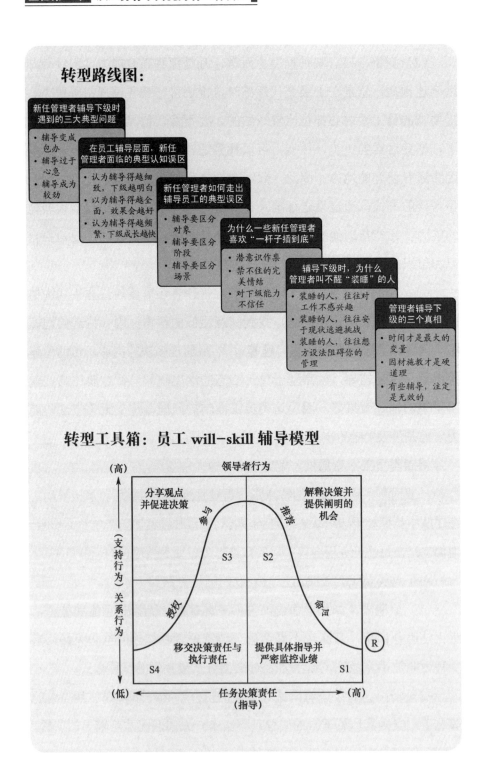

第十二章 技能与方法之四——辅导下级，因人而异真的特别重要

追随者的准备程度			
高	中		低
R₄	R₃	R₂	R₁
有能力并有意愿或信息	有能力但无意愿或安全感	无能力但有意愿或信息	无能力并无意愿或安全感
追随者指导		领导指导	

——出自《情境领导者》，保罗·赫塞，中国财政经济出版社，2003.1

转型备忘录：

1. 本章学习完毕，让我收获最大的内容是：
_____
_____
_____
_____

2. 接下来，我将要聚焦改进的管理工作是：
_____
_____
_____
_____

3. 为达成更好的管理成果，我的行动措施是：
_____
_____
_____
_____

第十三章

技能与方法之五——节点检查，既要做检查还要建信任

> 问题导读：
> 1. 对于新任管理者，节点检查的价值何在
> 2. 如果不做节点检查，团队工作可能会出现什么情况
> 3. 在团队管理中，如何既要做检查，还要建信任
> 4. 针对不同阶段的员工，如何在节点检查的频次和力度上做区分
> 5. 如何通过建立检查机制，提升团队的整体效能

提到检查，这又是一项让新任管理者既"头疼"又"无奈"的工作。

头疼的是：很多情况下，"检查"简直就等同于"得罪"人。被检查人永远思考的问题是：是不是不信任我呀，是不是怀疑我的能力呀，是不是怀疑我的为人呀。要不然，怎么三天两头地检查我？无论你怎么告诉他，检查是冲着事去的，是帮助他发现问题、推进工作的，不是针对他这个人，但通常这样的说辞都无济于事。人与人之间的这种敏感度，会让检查工作更讨人厌，让管理者更头疼。

无奈的是：一旦你停止检查、疏忽检查，那么，错误率立马就会提升。要么是细节上的瑕疵，要么是流程上的纰漏，要么是制度上的漏洞，总之，一旦失去检查环节，大错小错纷至沓来，让管理者应接

第十三章 技能与方法之五——节点检查，既要做检查还要建信任

不暇。前几天还对你信誓旦旦说"我办事你放心"的员工，在问题和错误面前全都哑了火。更为重要的是，你早已失去了补救的时间和机会，对于忘记检查的懊恼，久久挥之不去。

检查，遭人厌；不检查，生麻烦。在检查与不检查之间，在信任与不信任之间，纠结徘徊，不仅影响了管理者的工作进展，还会让团队成员之间的关系陷入紧张和不安。因此，如何填平检查与信任之间的鸿沟，就成为管理者的当务之急。接下来，我们就来看，从管理和人性的假设出发，如何处理检查和信任的关系。

很多管理者都对人性有着美好的假设。比如，只要管理者发现了问题，给了正确的方法和工具，员工们就一定会想方设法解决问题，不会等着管理者督促和监督。但事实是，经过一遍又一遍的沟通，一次又一次的督促，问题还是没能解决，期待中的改进提高，也一直没有发生。再比如，很多管理者认为，只要明确了目标、任务和行动计划，结果达成应该是自然而然的事，哪怕出现问题，员工也会主动反馈汇报，进而解决问题，拿到结果。但事实是，管理者往往都会是最后一个知道坏消息的人，期待中的员工如期进行反馈汇报，一次也没有发生，反而是你一次次督促提醒，但到头来依然没能实现目标。

这样的问题还有很多。经过无数次惨痛教训后，管理者发现，真正解决问题、改进提高、达成结果的，只是少数优秀员工。剩下的大多数员工，要么改了一点点，然后就停止了；要么就是压根什么都没改，你说你的，他干他的。所谓的自律，到底去哪了？

看来，该是管理者重新认识"自律"的时候了。当有意识的自我约束，逐渐成为无意识的习惯和规律时，自律就发生了。世界杯上，C罗的精彩发挥，靠的是经年累月的自律，为了控制体重保持良好的运动状态，一直对高热量食物说不；NBA赛场上，科比之所以成为传奇，

靠的是年复一年、日复一日的早起训练，洛杉矶凌晨 4 点的星空可以为他见证。由此看来，自律不仅是对毅力的挑战，更是对人性的考验，所谓平凡和优秀，一个重要的区别，就是能否做到自律。

回到工作层面。想想工作中，那些经常犯小错、屡教不改的员工；想想工作中，提醒过无数次，却还是没见效的问题。一个部门或团队中，能做到自律的员工，往往屈指可数。与其期待所有员工都能做到自觉和自律，不如换个角度，思考下如何让一群不自律的员工实现高绩效，这才是管理高手的思维方式。

IBM 前总裁郭士纳在《谁说大象不能跳舞？》那本书中，专门提到了一句话：人们只做你检查的事，不做你期望的事。再对照上面提到的几个案例，相信很多管理者一定深有体会。我们都期待拥有更多自律型的员工，最好人人都能自觉工作，人人都能自觉改进，人人都能主动积极。但这种美好的期待，又在现实面前遭遇残酷的打击。除非你能在招聘环节通过科学的手段和方法，有效识别哪些是自律型的员工，否则，大多数情况下，你都需要面对不那么自律的员工。他们既不积极，也不主动，很多情况下还比较懒惰，你不催，他坚决不做，你不提醒，他有可能得过且过，这就是管理者面对的真相。

怎么办？难道管理者只能接受现实？非也！那些持续创造高绩效的优秀企业，最终靠流程和机制解决了这个问题。而最常见的机制，莫过于检查。有了检查，问题就能被及时发现并解决；有了检查，制度流程就能被遵守和履行；有了检查，目标与计划就能被按部就班地执行。那么，作为管理者，该如何进行检查？

一、建立检查机制的三个维度

第一，针对不同员工，根据过往的工作完成情况及工作胜任度，

第十三章 技能与方法之五——节点检查，既要做检查还要建信任

进行检查级别设定。

过往的工作完成情况越好，工作胜任度越高，检查频次和完整度越低。那些屡获组织认可的高水平、自律型员工，甚至会获得"免检"的机会，如同企业的免检产品，或者境外旅游的免签证的待遇。当然，大多数情况下，管理者都要掌握"抽检、全检、复检"三种方法。

方法一：抽检。

通常以周或月为单位，对员工的工作任务和成果进行抽检，特别是针对那些经常发生问题和出现错误的员工，抽检的方式，会帮助他们减少问题的发生。

方法二：全检。

针对员工的新任务，或者过去发生过严重问题的任务和项目，管理者要采用全检的方式，加大反馈和汇报的力度，随时发现问题、解决问题。

方法三：复检。

尤其是对于那些时间跨度长、涉及要素多、变量大的任务和项目，管理者不仅要做好全检，还要采取复检的方式，不断改进提高，进而形成可复制的流程、制度和方法，帮助团队提升能力。

第二，针对不同的工作，管理者要从任务重要度、实施困难度、问题创新度三个层面，进行检查频次和深度的设定。

凡是那些涉及公司战略落地、组织变革发展、流程再造与创新的工作，管理者更要重视检查的作用，从而保证目标达成。一般而言，管理者要重点关注任务执行前、中、后的节点检查。

1. 执行前，检查计划——怎么做。

无论是任务安排，还是重点项目，管理者在确定目标后，最先要做的，就是制订计划。计划的好坏，关系到目标是否能达成。计划是

否考虑到人财物的资源现状，计划是否能支撑目标的达成，计划是否考虑了相关的变量，计划是否与实际情况相结合，等等，这些都关系到计划水平的高低。高水平的计划，往往会让目标的达成事半功倍，让一切尽可能按部就班；低水平的计划，往往漏洞百出，让任务推进遇阻，经常出现返工，造成大量的浪费。因此，管理者要重视事前的计划，通过检查计划，让执行加速推进。

2. 执行中，检查落实——做没做。

有了计划，不代表一切顺利，如果不能落实计划，执行就是一场空。实际工作中，我们会发现，很多管理者在前期的计划阶段，花费了大量的时间和精力，但在执行环节，疏于检查，认为一切都会按部就班地落实，但事实往往不如你所愿。再加上，计划没有变化快，再完善的计划，也都会遭遇变量，因此，执行中的检查，不仅能保证计划的落实，还能应对变量的发生，让管理者及时发现并解决问题，这也是保障目标达成的关键一环。以近年来的反腐、环保工作为例，派驻到各地的巡视组，就是检查计划落实、制度实施、规则执行情况，这会让执行效果更有保障。

3. 执行后，检查结果——怎么样。

计划是否完善，执行是否有力，目标是否达成，最好的评价标准，就是结果。因此，在完成任务或结束项目后，管理者需要检查结果的"成色"——成本高不高、质量好不好、速度快不快、影响大不大等。这不仅可以帮助管理者洞察之前没有发现的问题，还可以通过复盘的方式，查缺补漏，形成可复制的流程、规则和机制，进而为今后的工作迭代更新。

第三，针对不同的问题，以及问题的难易度、复杂度和重要度，管理者可以设计相应的检查机制，进而通过流程和机制系统化解决问题。

凡事形成机制,就能进入闭环体系,然后进入自动循环状态,从而减少了人为的干扰。在实际工作中,无论是日常的任务推进,还是项目实施,管理者都应该掌握三种检查机制。

第一种检查机制——汇报和反馈。

这是最为常见的检查机制。日常工作中,上下级之间所建立的定期与不定期汇报和反馈,本质上就是一种过程检查。通过汇报,让管理者了解和掌握工作进展;通过反馈,让下级规避风险和潜在问题。因此,这种类型的检查,更像是预防和纠偏,把问题消灭在萌芽状态。因此,建立上下级之间的汇报和反馈机制,对团队绩效非常重要。

第二种检查机制——会议和面谈。

面谈,往往是一对一,会议,往往是一对多。无论是哪一种,都是管理者检查工作的一部分。要提醒管理者的是,无论是会议还是面谈,都必须基于事实和数据,在沟通之前,管理者要掌握真实的工作进展,千万不能只靠个人感觉行事。只有基于事实和数据的面谈和会议,才会对工作推进起到作用。管理者是冲着解决问题去的,而不是冲着批评员工去的,这一点,对管理者非常重要。

第三种检查机制——公示和追踪。

要想让检查有效,管理者需要重视两件事。第一是公示,通过公示,让问题公开透明,让团队其他人知晓任务的进展,让任务当事人更有效地进入改进状态。第二是追踪,检查结果不追踪,改进就是一场空。因此,检查不能停留在发现问题,而是需要延伸到解决问题,一直要追踪到改进成果,才能真正保证检查的效果。

以上,就是管理者检查的三种方式,分别从对人、对事和机制三个维度进行了分解,管理者按照这三种方式进行检查,就能"让不自律的员工照样实现高绩效"。同时，管理者不仅要考虑到绩效的提升，还需要从团队凝聚和融合角度，不断改善团队关系。作为管理者，千万不能只顾着用检查提升绩效，还要思考，如何避免出现"检查影响团队信任度"的情况发生。

二、如何避免"检查影响团队信任度"的问题

这就涉及一个敏感而关键的词：团队信任。没有了信任，团队合作必然大打折扣，沟通成本必然大大提高；没有了信任，上下级的猜忌增加，跨部门的协作低效。就管理而言，再没有比不信任更具有杀伤力的问题了。上下级之间，良好的信任关系，可以让团队凝聚共识、坚定向前；脆弱的信任关系，可以让团队人心涣散、分崩离析。大多数情况下，高绩效团队与低绩效团队的最大差别，往往就是信任度问题。在过去多年的管理咨询与培训实践中，我们发现，企业中高管讨论最多、争议最大的问题，就是信任。对管理者而言，要想提升团队信任度，必须首先搞清楚，到底是什么原因，影响了上下级之间的信任，让彼此的隔阂更大。

首先，站在员工的角度，管理者有四种典型行为，容易让下级产生不信任，看看你有没有"中招"。

第一种行为，独断专行的管理作风。

如果上级的管理决策一意孤行，对下级的合理化建议充耳不闻，甚至不给下级说话的机会，这不仅会导致下级执行中的极不情愿，还会影响下级对上级的信任。时间久了，下级会消极怠工，从动机的角度，有些下级还会从内心盼望着出现管理危机，以此来证明上级的决策错误，这种情况，管理者还指望下级工作的高投入度，简直是痴人说梦。

第二种行为，缺乏公开透明的暗箱操作。

从团队的角度而言，公开透明是成本最低的管理方式。一旦公开透明，大家就不用相互猜忌，彼此的安全感更强，信任度更高。反过来，如果一个团队缺乏公开透明，管理者喜欢在幕后做暗箱操作，哪怕制定出伟大的决策，员工都会因为缺少安全感和参与感，在执行中消极怠工。因此，公平、公正、公开的团队氛围，是打造团队信任度的关键，如果凡事暗箱操作，不仅有失公平，还会破坏上下级信任，让整个团队无端猜忌。

第三种行为，做出的承诺无法兑现。

承诺是管理的重要组成部分，对上级而言，下级的承诺，意味着工作的投入度更高，产出更有保障。对下级而言，上级的承诺，意味着组织的认可和尊重，做起事来更无后顾之忧。因此，承诺机制，也是上下级工作协同的重要保证。然而，现实中，我们往往看到，有的上级喜欢随意做承诺，说者无心，听者有意。再加上，有的管理者记性不太好，经常忘事，一旦把之前给下级的承诺丢到九霄云外，下级就会极度失望，时间久了，下级就会对上级毫无信任可言。

第四种行为，缺少良性的沟通机制。

信任问题，往往起源于彼此不沟通。不沟通，意味着相互不了解，意味着各自会从自我角度看待别人，意味着只能靠臆测判断对方的意图，这种情况下，双方极容易造成误判。往小了说，会造成上下级之间产生隔阂，信任度降低；往大了说，往往会造成上下级之间持续冷战，最终影响团队产出、协作失效。

这样看来，与下级之间建立信任，就成为每一个管理者的当务之急。问题是，大多数管理者都知道构建信任的重要性，但到底该怎么做，才能提升上下级之间的信任度？我们给大家四个建议。

第一个建议是，变独断专行为团队参与，积极听取下级的意见，让下级在决策中拥有获得感，这将大大提升下级的信任度，提高执行效率。

为什么让下级参与进来，就会有更高的信任度？那是因为，下级可以全方位了解管理决策的前因后果，知晓管理者决策的背景和挑战所在。了解得越清楚、越全面，下级就越容易与上级的思路同频共振，有了这个前提，再加上他的意见被吸纳进决策中来，执行效率自然大大提高。

第二个建议是，变暗箱操作为公开透明，减少团队之间的猜忌，增强下级的安全感，回应下级的反馈和疑问，这样的开诚布公，会让整个团队凝心聚力，投入团队协作中去。

为什么公开透明，可以提高下级的信任度？那是因为，越公开、越透明，下级猜测的机会就越少，一切都在阳光下，再加上给予下级表达和反馈的机会，通过积极回应下级的疑问，做更深度的沟通，就能更加充分地让下级了解上级的良苦用心。下级不去猜疑了，上级不再委屈了，团队协作效率自然会大大提高。

第三个建议是，慎重做出承诺，承诺必须兑现。管理非儿戏，在员工心目中，管理者做出的承诺，往往代表组织的意志，管理者可能会说，我在和下级开玩笑，但下级并不会这么理解，一旦下级当真，而上级却健忘的话，最后员工的期望会变成伤害。

因此，管理者要慎重做出承诺，如果承诺，必须兑现。这里有两个问题，第一是慎重承诺，凡是涉及下级职责问题、利益问题、评价问题、激励问题，绝不随意承诺，而在承诺前，考虑清楚是否该做出承诺，以及怎么做出承诺。第二是凡承诺必兑现。只要做出正式的承诺，要么通过日程管理机制，纳入自己的议事日程，按计划追踪；要么建立部门的要事播报机制，将管理者承诺正式变成组织管理的一部分，安排专人跟进落实，这也会减少承诺不兑现的情况。只要解决这

第十三章 技能与方法之五——节点检查，既要做检查还要建信任

两个问题，上下级的信任必然提升。

第四个建议是，建立良性的沟通机制。作为管理者，一定要重视沟通的价值，沟通又分为正式沟通与非正式沟通，如果正式沟通是基于工作效率与改进，那么非正式沟通是基于了解和认同。

因此，管理者除了进行例行的每周、每月的会议沟通，还要进行不定期的绩效面谈、职业生涯规划、满意度交流等，系统了解下级的潜在需求与核心诉求，只有这样，上下级之间的信任度才会更好地提升。上级也就更加了解员工的行为动机，下级也就更加了解上级的决策初衷，有了这份相互理解与信任，工作效率自然提升。

以上，是站在员工角度，我们给予管理者构建信任的四种方法。反过来，站在管理者角度，我们也会发现，有些管理者，似乎很难信任下级：无论下级做什么，他们总会疑神疑鬼；无论下级的能力有多强，管理者还是不放心，总要亲自再做一遍。这又是为什么呢？在与这类管理者的访谈中，我们发现了三个原因。

第一个原因是，管理者的性格问题。

性格和基因、家庭环境、教育背景密切相关。那些有着过于乐观性格的管理者，往往会把一切事务想得美好，对下级总是怀有美好的期待，他们往往会倾向于充分授权的方式，而不管下级的能力是否胜任，工作是否对路。那些有着过度怀疑性格的管理者，则往往会把一切事务向坏的方面考虑：万一做不到怎么办，万一下级没考虑到怎么办，万一搞砸了怎么办。这种典型的忧心忡忡，则会让管理者患得患失，随意干涉下级工作，进而造成了不信任。

第二个原因是，管理者的经验问题。

所谓吃一堑、长一智。经历过不同的职业发展阶段，管理过不同风格的团队，很多管理者就形成了自己独特的管理风格。凭经验做事，

往往是很多管理者的潜意识。如果过去带的团队，能力强、意愿高、执行力强，那么管理者选择放手的概率更大。如果过去带领的团队，能力一般、意愿不强，不推不做，不监督不做，那么管理者选择干预下级工作的概率更高。这无所谓好坏，只不过，会在潜移默化中影响管理者当下的管理风格。

第三个原因是，公司的文化和制度问题。

不同的公司文化，不同的规章制度，会造就不同的公司管理风格。如果一家公司的文化过于强调以人为本，以员工的创造力为主，那么在这样的文化之下，管理者选择放权的概率更大。如果一家公司的文化过于强调绩效考核，强调检查监督，那么这家公司的管理者，会用各种不同的方式管控过程，有的管理者为了降低风险，甚至会选择亲力亲为，把员工晾在一边。在员工看来，这样的管理者就是不信任下级。

三、建立上下级信任的四大方法

从员工的感受而言，重要的不是管理者做了什么，重要的是，如果他感受不到来自上级的信任，那么他取得最佳绩效的可能性就会大大降低。因此，让员工感觉到被信任，其实是管理者的一种能力。管理者要问自己，该怎么做，既能让员工感觉到被信任，还能保证团队和组织绩效的顺利达成？从实践看，管理者要掌握三种方法。

第一种方法是，管理者要学会区分人和事。

对于不同的人和不同的事，管理者要采取不同的方式进行授权、委派、监督和过程管控，因此，信任度会大不相同。举例来说，对于那些意愿高、能力强的下级，管理者选择充分授权的效果更好，这既可以调动员工的积极性，发挥他的主观能动性，又可以创造更有想象力的解决方案，还能培养员工的能力，何乐而不为？当然，这不是说，

第十三章 技能与方法之五——节点检查，既要做检查还要建信任

授权一定没有风险。任何授权都有风险，只不过，管理者要明白如何提前预防风险、准备预案，这又是另外一件事了。

再比如，对于那些下级从没做过的工作，在下级能力一般的情况下，管理者再选择充分授权，就是在冒险赌博了。因此，管理者应该采取的正确方式是：和员工一起分析问题，确定目标和计划，然后分工协作：哪些可以交给员工做，哪些需要管理者的协助和配合，等等。这既可以帮助下级解除后顾之忧，又能便于管理者深入疑难问题，帮助团队成长提高。

第二种方法是，管理者要学会做过程管控。

任何授权，都不是毫无边界的，确定好边界，确定好风险防范措施，这始终是管理者的必修课。无论授权的程度如何，管理者都要做好过程管控。对于那些一贯靠谱的下级，授权的程度更深、边界更广，下级汇报的节点相对就少；对于那些一贯不靠谱、能力有问题的下级，授权的程度更浅，边界更窄。

因此，管理者要在授权的同时，和下级确定反馈节点和关键问题。这样的话，过程反馈更密切，节点分布更科学，管理者检查的频率更高。同时，又因为提前做了明确，下级就不会有信任度问题，上级的过程监督，变成了问题纠偏和改进提高，下级的接受度会更高。

第三种方法是，管理者要给予下级机会，并学会即时激励。

如果凡事都亲力亲为，管理者并不见得就能获得最佳绩效，只不过，从一些管理者的感受而言，他会觉得这样做更保险而已。然而，不给予下级试错的机会，他就永远无法提高。很多情况下，所谓的能力，都是一个又一个错误"喂"出来的。因此，如果下级没有把握好机会，或者把事情搞砸了，也不要把所有责任都推给下级，而是帮助下级总结经验教训，把接下来的流程改进与优化，作为团队集体能力

提升的一次机会，这相当于为团队成长交了学费。

同时，在给予下级机会的同时，如果他有精彩的表现和突破，管理者一定要给予及时的激励。这种激励，不仅能表达管理者对下级的认可，还会传递一种信任，鼓励下级继续尝试不同的办法，继续敢于承担责任，围绕目标和结果做创新探索。从团队管理的层面看，这样的做法，是不是更能帮助管理者提升绩效？

学会信任团队，真的是很多管理者需要重点提升的能力。对高效管理者而言，既不能完全甩手不管，又不能事必躬亲，既要做好节点检查，又要让员工感受到被信任，这是每一位管理者都要着重培养的能力。期待上面总结的几种方法，能帮助大家改进提高。

转型路线图：

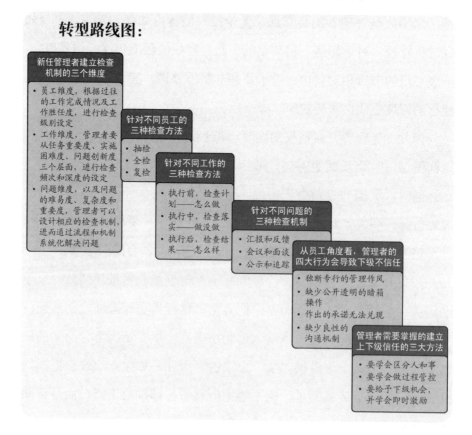

第十三章　技能与方法之五——节点检查，既要做检查还要建信任

转型工具箱：BEST 反馈法则

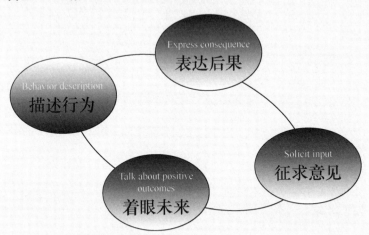

——出自《高绩效教练》，约翰·惠特默，机械工业出版社，2014.9

转型备忘录：

1. 本章学习完毕，让我收获最大的内容是：

___

___

___

2. 接下来，我将要聚焦改进的管理工作是：

___

___

___

3. 为达成更好的管理成果,我的行动措施是:

_____

_____

_____

_____

第十四章

技能与方法之六——高效激励，绝不等于胡萝卜加大棒

问题导读：
1. 作为新任管理者，需要警惕的激励误区是什么
2. 激励等于奖励吗？为什么胡萝卜加大棒的效果会越来越差
3. 针对不同阶段的员工，管理者应该采取什么样的激励方式
4. 如果激励无效，管理者应该反省什么
5. 如何从激励行为到激励人心

明明交代清楚了任务，为什么下级迟迟没有完成？明明员工的能力具备，可为何最后的结果差强人意？明明流程职责写得很清楚，但为什么员工还是有一大堆理由在等着你？

作为新任管理者，用不了多久，你就会意识到：你早已不是一个人在战斗，而是带领团队一起战斗。如果员工内心缺少意愿，如果能力欠缺，如果方法不对，那么，管理者的很多想法都无法变为现实。还想靠一己之力来搞定一切？那个时代早就过去了。到底哪里出了问题？

是激励。员工想不想做，背后是意愿问题，而意愿是否强烈，看员工内心的自驱力，而激励的关键要素之一，就是找到并激发员工的内驱力；员工能不能做，表面看是能力问题，实质还是外部压力与内

在动力是否足够。很多企业家说,能力是被"逼"出来的,说的就是外部压力和内在动力,而如果想让压力和动力见效,激励又是一个关键环节。因此,当团队绩效出现问题,当员工的成果不尽如人意,管理者应该反思的问题是:我的激励措施是否有效,团队的激励水平如何,我该如何改善团队激励。

一、新任管理者要警惕的团队激励三大误区

激励这件事,也是许多管理学大师关心的问题。无论是马斯洛的需求层次理论,还是赫兹伯格的双因素理论,或者是亚当斯的公平理论、弗鲁姆的期望效价理论,都不约而同地指向了需求、期望和动机。而这三者又是看不见、摸不着的,管理者很难洞察每一位员工的内心,也无从知晓员工最需要哪一种激励。在管理实践中,很多管理者给我们分享了他们过去在激励员工中,所走入的激励误区。

激励的第一大误区:激励=给钱。

很多管理者说,激励就是给钱。只要钱给到位,就没有解决不了的问题。事实是这样吗?

比如,公司给员工增加20%的薪资,员工能高兴多久?这个问题,我们问过无数管理者,他们给出的回复令人吃惊:3~5天。这就意味着,不加薪,员工肯定不满意,但加薪只能让员工高兴3~5天,之后,一切又陷入往常的情形。

又有管理者说,那就给员工增加100%的薪资。对员工而言,多给钱当然是好事。但,管理者有没有意识到:第一,任何管理措施都会有成本,成本过高,照样会带来管理问题;第二,经济学中有所谓边际效益递减的问题,意思是,给员工增加相同的钱,后面的激励效果比之前的效果减弱。因此,管理者会陷入一个激励的悖论:不给钱,

员工肯定不高兴；只给钱，员工未必就高兴。

这也是管理学家赫兹伯格在其著名的双因素理论中所提到的保健因素与激励因素的差别。所以，激励不等于给钱，金钱只是员工激励中的一种重要形式，但不是唯一的形式。那些把激励当成给钱的管理者，要么是组织的发展阶段使然（员工都特别需要钱），要么是其他激励手段无效（或者压根就没在其他激励方式上做系统思考）。我们经常听人说，能用钱解决的问题，都不算问题。这句话在激励中，我们可以这样理解：用钱能搞定的，都不是复杂问题，而那些用钱搞不定的事，比如客户满意度、员工满意度、员工胜任力、团队凝聚力等，才是需要管理者动脑子、花心思、想办法解决的复杂问题，而这些问题，往往关系到公司战略的落地和组织绩效的提升。

激励的第二大误区：激励=忽悠。

多年前，央视春晚小品《卖拐》一度让"忽悠"这个词流行于大江南北。从此以后，人们把那些说大话、说空话、说假话，进而想骗得别人信任的行为，都称为"忽悠"。在管理中，员工对老板和管理者所说的那些过于远大的、不切实际的、遥遥无期的目标和承诺，也冠以"忽悠"的称谓。这也提醒很多管理者，说话要当心，承诺要兑现，要不然，你就是员工眼中的"大忽悠"。

激励为什么和"忽悠"联系到一起？原因是，很多管理者给员工的许诺不切实际，要么是无法实现的目标，要么是员工做到了又不兑现。因此，很多员工就认为，管理者所谓的激励，就是忽悠，还是不要相信的好。在一家公司，如果员工把激励当成了忽悠，管理者应该反省三件事。

第一件事，你是否给下级制定了不切实际的目标。很多管理者喜欢拍脑袋定目标，或者把自己认为可以完成的目标强加给下级。

这样做的风险很高，需要管理者在后续的目标分解和落实过程中，不断加强过程管理，给予员工能力辅导和资源支持，否则，只能寄希望于运气好坏。如果管理者仅仅停留在给下级制定高目标层面，又不给任何资源支持和培训辅导，那么下级完成的概率就很小。一旦无法达成目标，员工就会觉得目标不可行，就会认为上级在忽悠下级。因此，作为管理者，在制定目标时，一定要有配套的目标管理体系和员工能力培养体系，帮助下级把目标达成，才能避免目标落空、员工失望。

第二件事，你是否兑现了曾经许给下级的承诺。当员工想方设法达成了目标，管理者应该及时兑现承诺、给予激励。这个时候，如果管理者忘记了兑现承诺，或者在兑现承诺时，认为目标设定太低了，不应该给予员工激励。那么，可想而知，员工是多么失望。这个时候，员工会认为管理者出尔反尔，会对管理者的信誉产生怀疑。等到管理者下次再交代任务，那么员工自然就开始对管理者的承诺打折扣，完成的结果也会相应打折。因此，对于那些喜欢给下级承诺的管理者而言，要时刻提醒自己，不要随意承诺，有承诺必须兑现，这样才能避免落到激励沦为忽悠的尴尬境地。

第三件事，你和员工之间是否建立了信任。只要信任出问题，任何激励都会失效。这是很多管理者要面对的问题。当员工认为目标过高的时候，管理者有没有和下级进行及时的沟通？当员工自身能力欠缺时，管理者有没有给予及时的培训和辅导？当员工遇到困难的时候，管理者有没有及时提供帮助？等等。信任是相互的，信任的建立是需要时间的，因此，管理者的以身作则和领导力提升，就成为上下级之间构建信任的必要途径。没有了信任，任何激励都变成了忽悠，这也是很多组织激励无效的原因之一。

第十四章　技能与方法之六——高效激励，绝不等于胡萝卜加大棒

激励的第三大误区：激励=交易。

给多少钱，办多少事，这就是交易的本质。而如果上下级之间的关系，变成了赤裸裸的交易，那么激励就成为一场上下级之间的谈判：给钱就办，不给钱就不办，钱多就好好办，钱少就应付地办。如果是这样的话，这家企业就沦为彻底的交易所，哪还有什么忠诚度和凝聚力可言。

从契约的角度讲，给多少钱、办多少事，不存在太大的问题。但，这是一种短期视角。从长期看，员工和企业需要共同成长，有些可以有量化标准的事，组织可以按劳付酬，但还有很多工作，存在太多的不确定性，也不是短时间内可以量化清楚的。这样的工作，往往又事关企业战略转型，关系到员工的能力跃升，在没有确定标准的情况下，你很难指望组织或管理者能提前判断工作的成果价值，这样的工作，到底是做还是不做？

因此，管理者要提醒自己，公司和员工的关系，不能仅仅停留在交易层面。员工是否认同公司的文化，是否在前景不确定的情况下愿意投入和付出，公司能否在员工安全感较低的情况下提供支持和帮助，面对业务层面的新问题，能否鼓励员工敢于创新，这些都不是交易关系能解决的。把激励当成交易的管理者，本质还是想"收买人心"。但，人心不是收买来的，激励如果变成纯交易，激励的效果立马失效。

回到管理角度，外在的激励叫刺激，内在的激励叫动力。如果停留在交易阶段，也就是刺激层面，那么，组织的激励措施，就会离员工的内心越来越远，也就无法真正激发员工的内在动力，这与激励本身又是冲突的。

二、新任管理者要掌握的高效激励三大特性

了解了激励的三大误区，管理者就可以避开这些激励的"坑"，从员工和团队的现实情况出发，推行不同的激励策略。一般而言，团队激励具有三大特性，在实施激励时，管理者需要针对这三大特性分类施策。

激励的第一大特性：阶段性。

要针对员工的不同阶段，采取不同的激励方法。阶段有两个意思：第一，员工的角色不同、职责不同，管理者所采取的激励方法不同；第二，员工的发展阶段不同，每个阶段的需求不同，因而采取的激励手段不同。

以小米为例。创业期的小米，面对员工有三种激励方式。第一种是高薪资，以跨国公司同级岗位薪资标准为参照，但没有股权激励；第二种是平均薪资，参考行业中高水平薪资，并给予一定的股权激励；第三种是低薪资，但给予更高的股权激励。这三种方式，无所谓好坏，但却可以让不同阶段的员工，进行不同的选择。那些暂时没有养家糊口之忧的员工，可以选择风险高、预期收益也高的第三种方式，那些在衣食住行等层面还面临诸多问题的员工，就可以选择风险低、预期收益也低的第一种方式。

同时，对管理者而言，技术岗位、研发岗位、制造岗位、采购岗位、财务岗位、业务岗位的员工，他们的需求各不相同，内在驱动力也不同。对那些技术偏好强的员工，管理者需要给予更多的技术能力晋级的机会；对那些强调计划性的岗位员工，管理者需要给予更多的安全感和支持；对那些喜欢挑战的业务型员工，提供更具挑战性的目标和更具诱惑力的政策，就是对他们最大的激励。

此外，新入职的员工和老员工，主管和普通员工，他们的入职时间、在岗年限、岗位级别各不相同，激励手段也不尽相同。对于那些在岗多年的老员工，薪酬增长未必是第一选择，而归级感、安全感、被尊重对他们的激励效果更好；对于那些刚刚晋升主管的团队成员，帮助他们提升管理能力，给予他们更多的实践机会，对他们的激励效果会更好。

激励的第二大特性：针对性。

就算是相同的岗位，不同员工的兴趣和需求也各不相同。不同的学历背景，不同的性格特征，不同的家庭环境，使得同一岗位的员工，在行为习惯层面也不尽相同。从这个角度而言，深度了解每一位员工，也是新任管理者的必修课。

在电视剧《士兵突击》中，成才和许三多来自同一个地方，但他们俩的表现却是天壤之别。成才是村主任家的孩子，很早就见过世面，了解人情世故，喜欢耍小聪明、走捷径；许三多的家庭条件不好，父亲的教育多半是棍棒伺候，又不爱学习，也不想当兵，胆小怕事。对此，他们的班长采取了不同的激励方式。就许三多而言，剧中那位叫史今的班长，就采取了激发信心、辅导过程、设定小目标、关联团队荣誉、给予其在上级面前的表现机会等不同的激励方法，最终让许三多成了特种兵大队的"老A"。这样的激励，才是对症下药，才是行之有效。

说到针对性，以目前的95后新生代员工为例。他们普遍是独生子女，是互联网的"原住民"（成长阶段伴随互联网的高速发展），社交、链接、互联互通的意识和行为，远远超越了之前的80后、90后，他们所获取的信息和知识，也非前一代员工所能比拟的。因此，针对这类员工，过去"苦大仇深、忆苦思甜"的激励手段，早就不管用了。而如果能激发他们的成就感，让他们找到兴趣所在，将公司目标与个人兴趣相结合，激励效果将会事半功倍。

在这里要提醒管理者的是：千万不要想当然地以为，自己想要的，就是员工想要的。请记住，你和员工的年龄阶段不同、生长环境不同、教育背景不同，这就意味着，过去的那套激励方式，可能早就不管用了。清楚了这一点，管理者在激励层面的自以为是，就会减少很多。

激励的第三大特性：引导性。

这与公司和组织的期望有关。管理者期待员工有什么样的行为，就去激励什么样的行为；期待员工有什么样的改变，就去激励员工相应的改变。期望什么，就去激励什么；激励什么，就能得到什么。因此，所有的激励，本质上都带有一定的引导预期。

比如，那些进入成熟期的公司，期待员工能够打破现状、勇于创新。那么，作为管理者，你必须对那些打破现状的行为予以激励，如果期望得到A行为，但事实上却是在激励B行为，这样做的后果，将会误导员工，最终让公司的期望落空。

以华为为例。有一段时间，国际化成了华为公司首要的战略举措。但，到底是选择欧美成熟市场，还是亚非拉等新兴经济体市场，这是不同的战略定位。逻辑上讲，谁都愿意去成熟的、发达的经济体，至少市场秩序和发展路径是清晰的。而那些落后的、动荡的、发展不均衡的经济体，就充满了不确定性。但，所谓战略，就是做正确的事，无论难度大小，都需要企业想方设法推进目标达成。为此，华为制定了面向新兴经济体的激励政策，让那些敢于到动荡市场开拓业务，并在落后市场打出一片天下的员工，得到最大的激励。包括薪水、股权、升职加薪、荣誉感、成就感等，都要向他们倾斜。

这种情况下，激励就变成了一种战略引导举措，团队中的每个人都清楚什么是公司鼓励的，通过激励来引导员工行为，就有了显著的示范效应。

很多管理者都发现，激励所具备的引导作用，比日常的说教强得多。与其陷入苦口婆心的说教，不如通过激励，让那些认真贯彻公司战略的人获得最大的好处，通过激励措施，让一线员工的行为"主动和中央保持一致"，这种引导价值，对团队管理的重要性不言而喻。

另外，从打造文化的角度出发，在公司变革期，激励的价值更是显而易见。比如，通过激励，打造各个岗位的标杆和榜样，然后通过标杆的示范价值，让团队的其他人快速跟进，形成你追我赶的变革氛围；同时，利用正激励和负激励的方式，让那些前期的个体探索行为，上升为团队的行为标准，哪些是公司激励的，哪些是公司反对的，有了清楚的标准，员工的认知和行为就更容易达成一致，新的组织文化就会浮出水面。

三、新任管理者要掌握的高效激励三大策略

由此看来，团队激励必须兼顾阶段性、针对性、引导性，从不同侧面进行有效激励。从激励角度看，管理者又可以将激励分为：个体激励、团队激励、文化激励。不同的激励主体，激励方法各不相同。

激励的策略之一：个体激励。

回到个体激励，意味着管理者需要洞察每位员工的需求和动机，从而针对不同的风格进行个性化激励。而最能反映个体需求的，就是著名的马斯洛需求层次理论。

马斯洛需求的第一层次：生理需求。如果员工还需要为衣食住行

担忧，管理者需要最先满足这类需求，才能谈其他。在这个层面上，我们反对任何不顾员工的"诗和远方"，如果员工天天关心的是生理需求，那么管理者和他畅谈任何的未来愿景，都丝毫不能激发起他的动力和斗志。一般而言，公司以金钱方式给予员工满足的，都可以归为生理需求。

马斯洛需求的第二层次：安全需求。公司是正规公司吗？签劳动合同吗？有基本的福利待遇吗？流程、规章、制度，是不是严格执行？这些都级于员工的安全需求。一般而言，那些品牌影响力较大的公司、公司管理规范化的公司、制度和流程完善的公司，给员工的安全感较强。

马斯洛需求的第三层次：社交需求。在马斯洛看来，社交需求的本质，还是回归到人级于社会性动物，需要群体交往，需要被认可、被接纳。如果员工被孤立、做事谨小慎微、不能相信任何人、团队中到处都是阴谋论，遇到问题不知道去寻求谁的帮助，那么这样的公司，很难满足员工的社交需求。

马斯洛需求的第四层次：尊重需求。员工的意见能被采纳吗？针对同一问题的不同声音，能被上级倾听吗？上级能给予充分的授权和信任吗？获得突破和成绩后，领导看到了吗，给予表扬和认可吗？等等。进入到尊重需求，员工更期待和上级、组织产生共鸣，更期望获得组织的系统支持，而不是一个人在战斗。

马斯洛需求的第五层次：自我实现。作为管理者，你知晓员工的成就感到底在哪里吗？你知道员工愿意为什么样的任务赴汤蹈火吗？你知道员工会为什么工作而兴奋吗？你知道员工愿意接受什么样的挑战吗？归根结底，你需要深入了解员工的自我实现需求，这往往是那些标杆员工、业绩优秀的员工、潜力较大的员工最需要满足的需求。

以上，就是马斯洛需求层次理论在个体激励中的不同表现和运用。新员工、老员工、业绩不上不下的员工、能力强但责任心差的员工、刚刚加盟的空降兵、团队的标杆和榜样等，这些员工的需求层次不同，管理者的激励手段也应该有所不同，投其所好、用人所长、成人之美，这才是个体激励所要牢牢把握的重点。

激励的策略之二：团队激励。

站在团队的角度看激励，管理者需要设定有效的激励机制，让每个成员都在激励机制中争先恐后，比学赶帮超，这才能让团队激励真正起到应有的效果。要做好团队激励，管理者需要把握三个层面的激励方式。

第一种方式：行为层面——好人好事。

前文我们谈到过激励的引导和示范效应。从这个角度而言，管理者进行团队激励，还是为了让员工行为与公司战略、组织目标、团队利益相一致。因此，对于那些工作中的好人好事，一定要给予及时、公开的激励，让团队所有人看得到，形成标杆和示范效用。

还记得中学时期的黑板报吗？没错，团队中的好人好事，也需要及时"上墙"——可以成为团队定期文化墙的内容，也可以是团队文化简报（电子版）的一部分，无论采取哪一种方式，都在广而告之，告诉团队，这就是组织所倡导的行为，大家按照这种行为去做，就是与公司战略保持一致。这种方式成本低、见效快，可以为大多数管理者所采纳。

第二种方式：能力层面——技能大赛。

达尔文的进化论告诉我们，物竞天择、适者生存。因此，在团队管理中，竞争的作用不能被弱化，那些良性竞争，不仅可以帮助员工快速成长，还可以减少人性中的懈怠和懒惰，帮助员工走出舒适区，不断进入挑战区，这本质上也是员工能力进化的一部分。

最好的方式，就是很多公司经常组织的技能大赛。所谓"赛马不相马"，真正的能力是在实战中训练出来的。管理者通过技能大赛，给员工展示技能的机会和平台，不仅能涌现出优秀的技能人才，还能将优秀员工的做法形成标准进行复制，进而提升团队整体能力。管理者要激励那些技能大赛的优胜者，让他们继续探索解决业务的不同做法，形成团队承上启下的梯队人才结构，这既能帮助管理者发现后备人才，还能帮助团队总结好的做法，将其转化为团队能力晋级的一部分。

第三种方式：结果层面——绩效考核。

尽管KPI模式被很多专家所诟病，但不可否认，绩效考核仍然是中国企业的主流管理模式。原因之一是，任何一家公司都需要一个客观、公平、有效的员工绩效评价体系，做的工作好不好、有没有效，不能只靠上级的感觉，结果应该是可测量的、可评价的、可检查的，这也是绩效考核的要义所在。

回到激励层面，管理者要明白，绩效考核是针对结果的有效激励方式。因此，管理者的重点是，要设计公开、公平、公正的绩效考核办法，激励那些想做事、能成事、愿意承担更大责任的员工快速成长。反过来，如果对于那些长期绩效不佳的员工，组织没有任何惩罚措施，管理者也没有任何的管理改善，那么，这类员工所带来的后果，就是"劣币驱逐良币、庸才驱逐优才"：那些优秀的员工，逐渐对公司的管理失望，对管理者的公平性提出质疑。就像阿里巴巴提到的"小白兔"员工，团队成了"兔子窝"，真正的业绩高手是不愿意与之为伍的。因此，从结果激励的角度，管理者要收起自己的慈悲为怀，更公正、客观地看待绩效考评，那才会有正向、有效的团队绩效效果。

激励的策略之三：文化激励。

第十四章 技能与方法之六——高效激励，绝不等于胡萝卜加大棒

从文化角度看激励，与个体激励、团队激励的视角不同。本质上，文化激励是让激励成为员工的认知和行为习惯，该做什么、不该做什么，已经入脑入心，就像饭前便后洗手那样自然。要形成文化层面的绩效效果，管理者通常需要做三件事。

第一件事：选标杆。找到了标杆，团队就找到了方向，标杆的行为，就成为组织所倡导的行为表现。如果标杆的行为，变为每个人的行为，如果标杆的做法，成为每个员工的行为习惯，那么，所谓文化激励的效果，也就达到了。

第二件事：做示范。对于那些不确定、没方向、没先例的事，管理者的身先士卒，也是文化激励的一部分。这是在用行为告诉员工，作为领导者，你对目标很坚定，你对规则很当真，你对结果有信心。尤其是在组织变革期，这种示范效应更能带动和影响员工，让那些团队中的旁观者回心转意，加入改变的行动中来。

第三件事：做仪式。越是重要的激励，越需要仪式。仪式的背后，体现了当事人的重视，体现了事件所带来的重要价值，体现了组织的重视度和管理者的用心良苦。因此，花时间和精力去设计仪式，让员工在仪式中感受到被认可、被尊重和荣耀感、成就感，这也是文化激励的高级阶段。

除此以外，管理者还要关注游戏化激励。想想看，为什么那么多人痴迷于游戏？游戏往往需要花钱，工作能帮人赚钱。但为什么花钱的游戏，比赚钱的工作，更能激发人的参与和热情呢？为什么打游戏的时候，人们全神贯注、斗志昂扬，但工作的时候，却往往疲于应付、得过且过？游戏中的升级、打怪、得分、装备，到底能给管理者带来什么样的激励启示？我期待大家能思考这个问题，相信会对你的激励改进带来很大帮助。

转型路线图：

管理者要警惕的团队激励三大误区
- 激励=给钱
- 激励=忽悠
- 激励=交易

如果团队成员将激励当成了忽悠，管理者要做三个反省
- 你是否给下级制定了不切实际的目标
- 你是否兑现了曾经许给下级的承诺
- 你和员工之间是否建立了信任

新任管理者要掌握的高效激励三大特性
- 阶段性
- 针对性
- 引导性

新任管理者要掌握的高效激励三大策略
- 个体激励
- 团队激励
- 文化激励

新任管理者要掌握的团队激励三大层面
- 行为层面
- 能力层面
- 结果层面

转型工具箱：马斯洛需求层级模型

- 自我实现需求
- 尊重需求（自尊及来自他人的尊敬）
- 社交需求（爱，感情，归属感）
- 安全需求（人身安全、生活稳定以及免遭痛苦、威胁或疾病等的需求）
- 生理需求（生存需求、食物、水、空气和住房等需求）

——出自《动机与人格》，亚伯拉罕·马斯洛，中国人民大学出版社，2012.7

第十四章 技能与方法之六——高效激励,绝不等于胡萝卜加大棒

转型备忘录:

1. 本章学习完毕,让我收获最大的内容是:
_____
_____
_____
_____

2. 接下来,我将要聚焦改进的管理工作是:
_____
_____
_____
_____

3. 为达成更好的管理成果,我的行动措施是:
_____
_____
_____
_____

第十五章

技能与方法之七——高效执行，说到做不到哪里有问题

> **问题导读：**
> 1. 明明战略方向正确、目标明确、计划可行，结果为什么却不尽如人意
> 2. 在你看来，影响团队执行力的主要因素是什么
> 3. 都说执行力很难打造，在你看来，如何建立执行的机制与文化
> 4. 作为新任管理者，可以通过哪些方式方法快速提升团队执行力
> 5. 如何避免虚假的团队执行力，如何通过执行文化打造优秀团队

过去十年，提到中国企业管理界最流行的热词，很多人首先想到的是执行（或执行力）。作为新任管理者，我们需要搞清楚，执行为什么重要，如何带领团队做好执行？

在很多人看来，为什么流程、制度有了，结果还是没达成目标？执行问题。为什么战略、目标有了，最终还是毫无成效？执行问题。为什么业务模式很好、团队人才济济，业绩还是不尽如人意？执行问题。仿佛执行成了万能药，只要企业有问题，板子都会打在执行层面，果真是执行惹的货？

一、团队执行力出问题的三个原因

在多年的管理咨询与培训中，我们访谈过无数管理者，每当提到执行为什么成为众矢之的，大家总会提到以下几个原因。

第一种原因：战略的困扰。

再好的战略，无法落地也是空谈。因此，好战略必须加上好执行，才会有好结果。有位企业家说：一流的战略+三流的执行，远不如三流的战略+一流的执行。其实，如果真是三流的战略，最后做成什么样，也会是个问题。但，这句话的关键在于，执行很重要——再好的战略，没有执行都是空谈。

最典型的例子，莫过于麦肯锡。多年前，麦肯锡为中国企业提供咨询服务，有成功，也有失败。在失败的案例中，人们提到最多的，往往就是"战略规划不落地"。其实，与其说战略不落地，倒不如说，很多企业没有支撑战略的系统能力，或者有了好的战略规划，但执行环节却出了问题，以至于"战略是战略，执行是执行"。

第二种原因：机制的困扰。

所谓铁打的营盘，流水的兵。但，现实中，很多企业变成了"流水的营盘、流水的兵"——即便是人员流失率很高，却依然没有解决机制问题。机制问题不解决，企业的长期发展就会受影响，这个时候，很多企业就会退而求其次，寄希望于碰到优秀人才，靠"能人"来支撑业绩，而把机制建设的事放在次要位置。

这就带来另外一个问题：法治 vs.人治。靠能人管理，是人治；靠机制管理，是法治。人治的好处是，见效快，问题是，能人一走、一切皆无；法治的好处是，不依赖能人，靠系统解决问题，但问题是，见效慢，需要长期坚持，一旦中断，又要从零开始，往往费力不讨好。

为什么很多企业不重视机制建设？还有一个重要的外部因素，那就是市场机会太多。机会那么多，要什么机制呀，先搞定业绩再说。而且，短时间内，你很难比较有机制和没机制对业绩造成的影响有多大，既然如此，谁还愿意花时间和精力去搞定机制问题？因此，拿团队执行（力）说事，最简单，也最容易，大不了换人，这就是很多企业的管理逻辑。

第三种原因是：竞争的困扰。

既然机会转瞬即逝、僧多粥少，那么谁最先抓住机会，谁最先整合资源，谁最先行动起来，谁就可能赢得先机。这种情况下，企业和企业之间，就要比拼速度，比拼行动，比拼效率。你三天搞定，我一天搞定；你提前三天到客户那，我提前五天到客户那；你给客户五项优惠，我给客户八项优惠。总之，企业和企业之间，要比拼谁的执行力强，谁的速度最快，谁的效率最高，等等。在这种情况下，不提升执行力，怎么可能在竞争中胜出？

这方面，最典型的案例，就是惠普前总裁卡莉·菲奥里纳，她最经典的话是：先开枪、后瞄准。在我们看来，怎么可能开枪之后再瞄准？其实，这句话的本质含义，还是强调速度，强调不要过分追求完美，要在有六七成把握的时候，就行动起来，而不要等到所有条件都具备再行动。

二、打造团队执行力难在哪里

在今天看来，这三种困扰都有现实意义。特别是在初创公司、互联网企业、战略新兴部门、变革期的企业，这类问题依然会出现，执行（力）仍旧是阻碍企业持续增长的大问题。那么，从管理者的角度看，透过现象看本质，执行（力）的打造到底难在哪里？

第十五章 技能与方法之七——高效执行，说到做不到哪里有问题

第一，难在执行的机制。

执行，是战略落地的重要环节。既然如此，通过流程和机制的方式，将执行固化下来，也是避免执行环节出问题的重要保障。

谈到执行的机制，我们最容易想起的，就是赫赫有名的戴明环PDCA（计划Plan、执行Do、检查Check、处理Act）。从目标分解、计划落地、过程检查、及时处理等步骤，将一件事纳入执行体系，有输入、有输出，从而保障了执行的产出和成果。

但，执行并不是孤立的PDCA循环。要达成结果，需要一连串的流程体系、制度体系、规则体系。目标如何分解、计划如何落地、检查如何实施等，都需要系统化、针对性的机制设计，再通过IT的手段固化下来，只有这样，才是一个真正的执行机制，才能将停留在口号和决心的执行，变为真正的成果。

第二，难在执行的文化。

有人说，流程和制度出台的那一刻起，就已经过时了。这句话的意思是，所有的流程和制度，都是针对过去所发生的情况，即便是预见到了未来可能发生的情况，但也会有漏洞。因此，给流程和制度"打补丁"，也成为制度建设的一部分。

既然无法避免制度漏洞，管理者该怎么办？这就靠文化的力量。制度管不到的地方，就是文化真正起作用的地方。目标不清楚，要不要先执行？战略有瑕疵，要不要先执行？利益机制没完全说明白，要不要先执行？这些问题，都是很多管理者过去遇到的实际情况，解决这类问题的关键，就已经不是制度和流程，而是文化。

将执行文化问题进一步延伸，还有执行人才问题。什么样的企业文化，就会出现什么样的执行人才。如果是那种高高在上、官僚气息的文化，则培养出来的都是些官气十足、欺上瞒下的人；如果是那种

以身作则、承担责任的文化，则培养出来的都是积极主动、做事认真的人。这样看来，要想提升团队执行力，除了前端的人才招聘筛选之外，凡是进入公司的员工，都应该融入团队执行文化，在入职培训中引入执行文化，只有这样，团队才能打造出优秀的执行人才。

三、提升团队执行力的五大优秀做法

作为新任管理者，该如何解决执行难的问题？从上千位优秀管理者的实践经验看，有五个关键做法值得新任管理者借鉴和采纳。

关键做法一：客户导向的思维方式。

我们的客户是谁？他们最需要什么？这是管理的首要问题。没有客户，就没有持续的业绩增长。因此，除了少数垄断性企业之外，几乎所有的企业都必须在意客户的满意度问题。没让客户满意，如何才能让客户买单？

执行中的客户导向，到底是什么意思？对于那些业务岗位、销售岗位、市场岗位的员工而言，谁是客户，客户需要什么，如何让客户满意，这一切都是不言自明的。但，对于企业内部的生产、制造、采购、财务、研发等部门来说，他们的客户又是谁？答案是：基于流程运营的下游部门，基于团队协作的其他部门同事，基于战略分解的直接上级，基于任务达成的团队成员。原来，无论是企业内部还是外部，每个岗位都需要直接面对客户，如果每个岗位的员工，在执行中都能贯彻客户导向，那么，整个组织和团队才能真正提升效率，拿到最佳结果。

什么会影响组织的客户导向？答案是传统金字塔组织的官僚文化。如果上级总把自己当官，下级唯上级马首是瞻，各个部门之间各自为政，甚至老死不相往来，那么，这样的组织和团队，是不可能诞生客户导向的思维方式的，也不会有部门之间相互服务和成就的意识，反而是拆台的行为会越来越多。这也是为什么，很多企业所谓的"客户第一"，其实潜台词是"领导第一"。如果用上级满意度替代客户满意度，那就意味着，搞定上级远比搞定客户更重要，这会让终端的执行陷入尴尬境地。

什么能帮助组织和团队建立起客户导向的思维方式？首先，要在团队中形成和培养客户文化，让"客户"的概念成为团队的行为导向，追求客户满意度，让那些具备客户导向思维的员工，获得更多的好处。其次，要形成团队整体的客户导向思维，必须在团队中培养竞争文化。如果团队内部设置了良性的竞争方式，大家你追我抢，就会让客户文化深入组织和团队中去。还有，在正式推进项目工作前，要及时与需求方（内部客户）进行沟通，了解他们的真实诉求是什么，哪些是讲出来的，哪些是他们没讲出来的，他们的利益是什么，如何达成双赢，等等。你满足了客户的需求（外部客户和内部客户），客户就能满足你的要求。用稻盛和夫的话讲，就是先利他、再利己，这将有利于整个团队进入客户导向的思维方式。

关键做法二：结果导向的做事方式。

将目标转化为结果，是公司战略和绩效达成的核心环节。从公司的使命而言，没有结果就没有利润，也无法满足客户、股东和员工的期望。多年前，《没有任何借口》《请给我结果》《执行，完成任务的学问》等执行类书籍，成为排行榜名列前茅的畅销书，这从一定程度上也说明，结果、执行、落地是企业的核心诉求。

在《请给我结果》那本畅销书里，作者姜汝祥博士特别提到了"任务与结果"的不同：完成任务，是对程序和过程负责；收获结果，是对客户和价值负责。原来，做任务和给结果，最大的不同，是对什么负责。凡是那种埋头做事，不问客户和上级需求，只对"做了"负责的行为，都是做任务；凡是那种先了解客户和上级需求，冲着结果去执行，对"做到"负责的行为，都是给结果。这也让我们懂得了，一家公司的真正挑战，就是将那些"苦劳导向"的文化，转化为"功劳导向"的文化，让公司的绩效评价和员工晋升都能回归到市场公平，由此才能真正提升公司的执行力。

无独有偶。在史蒂芬·柯维那本畅销书《高效能人士的7个习惯》中，特别提到了一个词"以终为始"。什么是以终为始？按照柯维的说法，任何事物都会经过两次创造，一次是头脑中的思考和酝酿，也就是想清楚，一次是实际的创造，通过行动达成结果，也就是做出来。因此，通俗来看，以终为始的意思，就是首先想清楚，然后做出来。而无论是想清楚，还是做出来，都必须回归到结果导向的做事方式。尤其是"想清楚"阶段，如果脑子里没有结果的概念，没有客户的需求，那么再辛苦的付出，最后也只是苦劳而已。

其实，从公司的战略目标分解开始，组织就要养成结果导向的做事方式。如果想达成公司的战略目标，我们有哪些关键行动措施？如果想让销售收入增长20%，我们该怎么做？如果想完成流程再造，组织应该做什么样的变革？等等。这些都是结果导向的做事方式。有很多管理者会说，强要结果的管理方式简单粗暴，非常不合理。其实，这是他们没有懂得结果管理的真正价值：做事之前，先想结果，然后按照结果的方式设计过程，抓住获取结果的主要矛盾（障碍点），进行有针对性的过程管理（而不是想当然的过程管理），最终获取想要的结果。

关键做法三：用人所长的管理方式。

要推进团队执行，提升管理效率。有一个重要的前提是：人岗匹

第十五章 技能与方法之七——高效执行，说到做不到哪里有问题

配。如果做不到人岗匹配，至少也要往用人所长的方向靠拢。然而，现实中，很多管理者的痛苦往往是，用自己的方式"改造"员工，这样的结局，往往出力不讨好。

为什么没有做到用人所长？很多管理者会说，我根本看不到他有什么长处，怎么做到用人所长？其实，这是假问题。第一，如果真的一无是处，公司为何要把这样的员工招进来，请反省你的招聘问题。第二，是员工没有长处，还是管理者压根没有去用心发现员工的长处？第三，对那些业务骨干、技术专家出身的管理者来说，是不是潜意识中把自己的做事方式当成了标准，如果有了其他方式，你的本能反应是不是"不对"或者"不可能"？

以上三点，往往是很多管理者没有做到用人所长的根本原因所在。因此，很多管理者要么抱怨人力资源部不给力（潜台词是，你给我招的人不好，问题是，招聘部门怎么可能完全知晓用人部门的全部需求），要么抱怨现在的员工不给力（潜台词是，和我当年做员工的那种状态没法比，这可能也是一种高级自恋）。反正，用人所长被当成了口号和形式，他们真正在做的事，就是按照自己的方式改造员工，这样果然奏效吗？

真相是，除了少数员工被"改造"（我们暂且这么说吧）成功外，大多数员工"改造"的效果都不好。原因在于：第一，人们讨厌"被改变"，如果不是本人的意愿，谁愿意接受外部的"改造"？第二，不发挥长处，就容易暴露短处（短板），一个人的长处可以给公司创造价值，而短处却只能给公司带来问题，问题一多，员工的心态就受影响，被打击多了，要么逃避痛苦（有意远离上级），要么远离痛苦（离职），那真的是管理者想要的结果吗？

反过来，再看那些喜欢改造员工的管理者，他们会遇到什么问题？

第一，只要不是用人所长，希望按照自己的方式改造员工，一般都会遇到员工的激烈反抗，这需要消耗大量的时间成本和管理成本。第二，总看不到改造员工的效果，时间久了，管理者也会被打击——莫非真是我错了？有的管理者扛不住，意志消沉，对于自己的管理角色也无法胜任，对公司而言，真的是双输。

因此，要想提升团队执行力和公司的管理效率，一定要回到用人所长的管理模式上来。管理者真正要做的事，第一是要明白岗位需要什么样的人（胜任力）。第二是识别员工的长处，并和岗位相匹配。第三是学会用好员工的长处，让其发挥最佳效果。第四是，如果员工愿意提升和改变，希望改进自己的短板，这个时候可以帮助员工提升改变。

关键做法四：有效授权的分工方式。

我们经常说，不懂得授权的公司，永远做不大，不懂得授权的领导，永远做不好。其实，最近管理界流行的"赋能"，在公司内部的表现，就是授权。站在执行的角度，如果员工作为执行人，任何事情都需要请示领导，完全没有自主权，你觉得这样的方式有没有问题？

无论是华为还是海尔，他们都不约而同地倡导一种管理方式：让一线呼唤炮火，甚至让一线指挥炮火。意思是，一线员工最了解真实情况，最了解客户需求，最了解问题所在，因此，管理者应该授权给员工，让他们决定公司的资源走向，而不是经过层层汇报，让领导决定该怎么做。因此，海尔的人单合一模式与华为的"项目铁三角"模式，都是有效授权的最佳体现。

对员工而言，有效授权的最大价值，在于让员工获得了自主感。因此，员工就有动力思考如何解决问题，如何找到处理问题的最佳路径，要不要尝试新的方法，该做什么样的判断和选择，等等。有了自

第十五章 技能与方法之七——高效执行，说到做不到哪里有问题

主感，就有了获得感，那种"当家做主"的感觉，其实是有效执行的重要保证。

对公司而言，有效授权的最大价值，在于将责任进行了落实和锁定。谁执行，谁对结果负责，遇到问题，自己想办法解决。这就最大限度地调动了员工的积极性，避免了管理学中"委托—代理"模式所带来的交易成本问题。当然，有效授权既包括落实责任，也包括权力和利益的落实，如果只有责任，没有权力和利益的分配，这样的授权就是"被阉割"的授权，最终也会竹篮打水一场空。

要做到有效授权，管理者需要关注两件事：第一，不要过度授权。意思是，不是所有人都适合被授权。如果员工的意愿不足、能力不够，且对利益斤斤计较，这样的授权，最终会变成管理者的噩梦。第二，不要授权不足。意思是，对那些意愿强、能力胜任的员工，一定要给予支持和信任，在授权的同时，配套相关的支持举措，让公司的制度、文化和流程，都能为被授权的员工赋能。

有效授权的另外一层含义是：授权，也是一种分工。如果权力都集中在领导那，意味着，领导需要事无巨细，需要亲力亲为，需要对每一个结果负责。如果权力分散开，让合适的员工负责合适的工作，领导通过过程管控和组织体系进行推进，这会让上下级形成有效的分工，让组织资源被最大化利用，这就会让团队执行力获得巨大提升。

关键做法五：过程管控的协作方式。

要想出结果，要想提升绩效，要想提高团队执行力，还有一个重要的维度，那就是过程管控。我们在结果导向的做事方式中提到，执行的核心是结果，而如何获取结果，就靠过程管控。没有好的过程管控，结果就是一场空。

以减肥为例。如何达成减肥的效果？一般而言，老百姓常说，

管住嘴、迈开腿。这其实就是过程管控。所以，要想减肥成功，减肥者每天都需要关注卡路里摄入量（管住嘴）、运动量（迈开腿）。因此，设定饮食计划、运动计划、相关过程指标，就成为减肥的过程管控措施。

在过程管控中，要想提升团队执行力，管理者要做三件事：第一，检查。要重视检查的作用，特别是节点检查（里程碑）。检查是过程管控的有效保障，如果缺少检查，执行就容易"出轨"。第二，激励。执行中，员工会遇到各种各样的问题，对执行人的心态和能力都是挑战。这种情况下，管理者要学会激励员工，特别是对于那些过程推进好、结果达成好的员工，要给予及时的激励。其实，激励的核心，就在于鼓舞人心，在于告诉团队谁是我们的标杆，谁的做法是组织推崇的，通过激励向组织传达标准，是最好的执行文化打造方式。第三，改进。在过程管控中，管理者不仅要学会发现问题，不仅要学会正激励、负激励，还要针对出现的问题，形成机制化、体系化、可复制的解决方案。一个人遇到的问题，可能其他员工也会遇到，如果将一个人的成功做法复制为团队标准，或者让一个人的问题解决方案，变为团队处理类似问题的解决方案，这就变成了一种组织执行力。

以上五个做法，就是很多优秀管理者提升团队执行力的最佳实践，供大家学习和参考。站在公司层面，执行力分员工执行力、团队执行力、组织执行力；站在个体层面，执行力分执行意愿、执行能力和执行方法。因此，提升执行力，不能简单化一句话口号和决心，也不是一个创意和想法就能搞定的。提高执行力是系统工程，单纯"打鸡血"的方式，早就过时了，需要管理者在制度、文化和体系上进行优化，将执行力变为组织竞争力的一部分，这才是团队执行的最佳保证。

第十五章 技能与方法之七——高效执行，说到做不到哪里有问题

转型路线图：

团队执行力出问题，往往会有三个原因
- 战略的困扰
- 机制的困扰
- 竞争的困扰

从管理者的角度来看，团队执行力打造难在哪里
- 难在执行的机制
- 难在执行的文化

提升团队执行力的五大优秀做法
- 客户导向的思维方式
- 结果导向的做事方式
- 用人所长的管理方式
- 有效授权的分工方式
- 过程管控的协作方式

如何在团队中建立客户导向的思维方式
- 在团队中培养客户文化
- 在工作中培养竞争文化
- 在协作中确认客户需求

转型工具箱：OKR 模型

OKR=Objective + Key Results

· Objective（目标）
有野心的、较激进的
令人感觉有点紧张而不舒适

· Key Results（关键成果）
明确地使目标可实现
可量化的
导向目标的评级

——出自《OKR：源于英特尔和谷歌的目标管理利器》，保罗·R.尼文、本·拉莫尔特，机械工业出版社，2017.8

转型备忘录：

1. 本章学习完毕，让我收获最大的内容是：

_____

_____

_____

2. 接下来，我将要聚焦改进的管理工作是：
_____
_____
_____
_____

3. 为达成更好的管理成果，我的行动措施是：
_____
_____
_____
_____

第十六章

技能与方法之八——人才培养，让优秀的人才脱颖而出

问题导读：

1. 在培养人才方面，新任管理者有哪些典型误区
2. 关于人才识别，新任管理者应该了解哪些真相
3. 在团队人才培养上，新任管理者应该过哪三关
4. 如何避免团队陷入集体平庸状态
5. 如何根据团队成员情况调整管理风格

在很多管理者看来，所谓管理，无非就是管事和管人两条线。管事的逻辑是围绕目标展开的，因此才有了计划、检查、反馈、奖罚；管人的逻辑是围绕人才展开的，如何选人、用人、育人、留人，让优秀的人才给公司带来最大的价值。

管事和管人，做好哪一条线都不容易。相比较而言，那些从业务骨干、技术专家晋级而来的管理者，对于管事的逻辑比较清楚，这与他们之前丰富的业务、技术经验有关。但，如何管人、如何带人、如何培养人，并不是这些新任管理者的强项。从公司的角度出发，管理者还有一项天然的使命：培养后备人才，培养储备干部。只出业绩，不出人才，公司对管理者的综合评价就会大打折扣。因此，无论是基于公司对管理者的期待，还是基于团队成员的长期发展，管理者都要

学会培养人。

一、新任管理者要警惕的人才培养三大误区

在培养人才方面,新任管理者往往面临三个典型误区。

第一个误区:好人=人才。

作为管理者,谁不想要"好人才"?但请注意,纯道德语境下的"好人",并不一定是团队想要的人才。"好人"是前提和基础,每家公司都需要选聘那些遵纪守法、有职业操守、正直诚信的员工,在此基础上,管理者更需要考察员工的胜任力、专业度、解决问题的能力。如果没有这些能力,仅仅是道德意义层面的"好人",显然,这不是公司想要的人才。

第二个误区:别人家的人才=你的人才。

家长们常说的就是:别人家的孩子。但,别人家的孩子再优秀,未必就适合你的家庭。同样的逻辑,外部公司的优秀人才、其他部门的优秀人才,并不一定是你需要的人才。其一,是因为每家公司和每个部门,对人才的评价标准是不一样的。其二,是因为管理者的风格不同,团队的定位和级性不同,打造人才的方式方法不同,因此,你不能把别人家的人才,当成自己的人才。这也是很多高薪挖来的空降兵,最终黯然离开的原因所在。

第三个误区:现在的人才=未来的人才。

对管理者而言,既要对现有的部门绩效负责,还要通过培养人才为未来的组织发展奠定基础。现在的人才,一定能继续成为未来的人才吗?不一定。因此,对管理者而言,就有两个现实的问题:第一,如何帮助现有的人才,成为未来的人才?这需要管理者设定人才培养路线图,按照节点和节奏进行人才培养。第二,如何发现和识别未来

的人才？长江后浪催前浪，前浪死在沙滩上。但，怎么识别未来的人才，部门需要什么样的后备人才，未来人才的标准是什么，等等，这些都需要管理者思考和解决。明白了这些，管理者也就懂得，为什么球队会有"替补球员"，为什么公司需要"储备人才"。

二、关于人才识别，新任管理者要了解的两个真相

避开了三个误区，新任管理者就可以进入人才培养的正确轨道。对管理者而言，首先需要确定的是：我们到底需要什么人才，如何找到这些人才？这对管理者特别重要。关于人才识别，管理者需要了解两个真相。

第一个真相：找门当户对的人。

寻找人才的难度，不亚于相亲。做企业，管理者要找到认同企业的价值观和发展理念，能一起前行的人。这个时候，管理者就会发现，门当户对，才是硬道理。

首先，这里的"门当户对"，指的是员工的相关工作背景和履历，与公司的岗位需求相匹配。有人说，万一是没经验的大学毕业生，该怎么办？其实，很多公司对学校、学历、专业的要求，也是某种意义上的"门当户对"。尽管，我们无法保证，每一个专业对口、工作履历达标的应聘者，都是你想要的人才，但反过来，那些专业不对口、工作履历不达标、工作背景毫无相关性的人，能胜任岗位的概率更小。

其次，"门当户对"意味着，大家的专业语言、沟通方式、行业基本认知是相同的，不需要一切从头开始。很多管理者都有这样的痛苦，和某些员工交流，简直就是鸡同鸭讲。其实，员工也在努力倾听和理解，但很多基础的背景和认知不具备，沟通就成了一种现实的障碍，后续的工作更难开展。

还要提醒管理者，所谓门当户对，是从岗位要求出发，而不是从管理者本人的喜好出发。岗位需要什么样的工作经验和履历，你就选择什么样的员工，而不是自我设限，只找那些和自己风格相似的员工，这对管理者的领导力提出了新挑战。

第二个真相：找情投意合的人。

这里提到的"情投意合"，其实是在说目标与价值观。如果一位员工不认同公司的战略目标，不认同公司的使命价值观，这样的员工与公司之间，只能算是交易关系——有钱赚，就留下来；没钱赚，就立马走人。想想看，这样的员工，能和组织一起攻坚克难吗？

指望员工以身相许，不现实，但寻找"情投意合"的员工，却很实际。对管理者而言，你需要做两件事：第一，要给员工讲清楚公司的战略目标和价值观，告诉员工公司需要什么样的人才，公司未来的发展愿景是什么，等等，这样做，更容易吸引到那些情投意合的人才。第二，要听员工讲清楚自己的目标和职业规划。员工希望在这家公司获得什么，他的做事方式和价值观是什么，等等。了解得越清楚，管理者越能确认，员工是否与公司"情投意合"。

其实，真正情投意合的员工，不好找。特别是在了解员工层面，靠一次面试往往解决不了太多问题。因此，管理者要明白，真正的情投意合，不能完全靠面试，需要工作过程中的相互协作。用海尔的话讲，赛马不相马，越是遇到问题，越是遇到挑战，越能发现员工是否与企业情投意合。因此，管理者要把时间轴拉长，找到真正情投意合的员工。

三、在人才培养上，管理者要"过三关"

那么，是不是只要情投意合，只要门当户对，团队的人才培养就

第十六章 技能与方法之八——人才培养，让优秀的人才脱颖而出

没问题了？并不是这样的。这只是前提和基础，就好比婚姻一样，不仅需要遇上对的人，还需要用心经营婚姻。因此，在选对人的基础上，管理者需要从机制、方法和策略上，搭建人才培养的完整体系，让优秀的人才脱颖而出。一般而言，在团队人才培养这件事上，管理者尤其需要"过三关"。

第一关：克服团队平庸。

团队平庸，是优秀人才的拦路虎。一旦团队陷入平庸状态，优秀人才往往会第一时间做出选择离开。因此，管理者要时刻警惕，团队是否陷入平庸状态。那么，什么是团队平庸？

当管理者发现：整个团队绩效陷入不上不下的集体停顿；迟到、请假的次数增加；管理者的重要邮件不见回复；整个团队死一般宁静；大家工作投入度大不如前；针对重大决策，团队也少了以往的不同意见和声音；下班后快速闪人，没有讨论业务问题的氛围和情形。这个时候，管理者要告诉自己，你的团队可能正在经历某个平庸时刻，该是你为团队注入热情、点燃激情的时刻了。

这是很多管理者不想看到的。但，除了新成立的团队之外，无论是新任管理者，还是在任管理者，都需要应对团队平庸的状态。如果我们能搞清楚团队平庸的成因，就能找到人才培养的密码，才能让优秀的人才脱颖而出。对此，管理者可以从三个不同视角洞察团队平庸问题。

第一个视角：目标视角——团队有没有目标，有没有共同的愿景和方向，目标的难度如何，目标是否被团队所认同。

没有目标，团队就成了无头苍蝇，根本不知道自己要去往哪里。再进一步，如果一个团队没有共同的愿景、使命、价值观，那么他们结合到一起的原动力，可能只是利益。一旦利益不一致，或者对团队

的制度与文化不认同,就没有了持续投入的动力,这样的团队,不平庸才怪。特别是对那些优秀人才而言,没有长期目标,没有挑战性目标,没有长远的职业规划,他只能选择快速逃离这个平庸的团队。

从目标的视角看,有没有目标是一回事,目标难度高低是另一回事。对大多数管理者而言,目标管理与 KPI 驱动早就成了公司组织体系的一部分,有关目标的有无问题,往往早就解决了。因此,管理者要重点关注目标高低和难度问题。试想,面对一个低难度目标,团队中的大多数人,不费太多工夫就能达成,这种状态持续下去,很容易造成工作不饱和,或者整个团队的任务难度系数降低,员工的挑战性意愿和能力出现下滑,时间久了,就有了团队平庸问题。

第二个视角:驱动视角——团队的驱动力在哪里,是动力驱动,还是危机驱动,管理者是如何驱动员工达成绩效的。

缺少驱动力,就失去了管理的引擎。驱动力,可以是外在的,也可以是内在的。内在的驱动力,往往和员工的需求有关,而外在的驱动力,往往和公司的管理机制有关。因此,想办法洞察员工需求,了解员工的职业规划与发展阶段,管理者就能帮助员工解决内在需求问题;而改进公司的管理机制,通过检查、反馈、辅导、激励等环节,帮助员工提升工作效率和绩效,就能解决员工的外在驱动力问题。

如果管理者不了解员工的内在驱动力,也不能很好地激活外在驱动力,又没有很好的团队进入与淘汰机制的话,时间久了,团队容易陷入集体平庸。这也是为什么马云、李彦宏、周鸿祎不约而同地提到赶走"小白兔"员工,才能保持团队竞争力的原因所在。站在优秀员工的角度,不赶走小白兔,就会让公司的绩效标准、考核原则失去意义,既然做得好坏没有差别,他们为什么要努力付出呢?因此,管理者要防止"劣币驱逐良币"的情形发生。

第三个视角：文化视角——团队是否有共同的文化与价值观，团队相信什么，反对什么，面对违反团队文化与价值观的典型事件，管理者会怎么做。

对优秀人才而言，他们更渴望文化与价值观层面的认同和信任。这不仅会让他们的工作本身具有安全感和成就感，还会推动优秀员工成长和发展，带动组织的持续增长。反过来，如果没有共同文化，团队的做事方式很难达成一致，相互之间的协作和配合就无从谈起；如果没有共同的价值观，团队成员的合作就往往基于交易和利益，能否合作的标准，就变成了短期利益最大化，一旦利益算得不清楚，合作就会出问题。因此，在缺少共同文化与价值观的情况下，消极怠工、出工不出力、不愿承担责任、遇到事能躲就躲以及会上不说话、会后乱说话的情况，就成为团队中的典型情形，这也会影响优秀人才的文化认同。

作为管理者，你给团队注入什么样的文化与价值观，这个团队就是什么样的团队。因此，当团队出现集体平庸时，管理者要反思，团队现在是什么样的文化与价值观？这种文化与价值观怎么形成的？如何改进这种文化与价值观？等等。我们在追求业绩和高绩效的时候，有没有选择性地牺牲文化与价值观？在那些涉及文化与价值观的问题上，管理者选择了勇敢面对，还是逃避现实，是选择利益导向，还是捍卫原则？等等。在这方面，很多管理者经常犯的错误是，明明很在意利益，但嘴上却经常说文化很重要，明明很在意短期成功，却经常告诉员工价值观是公司的安身立命之本。这就是管理者的心口不一，时间久了，员工总能发现问题所在。

既然如此，作为管理者，该如何从人才培养的角度，改进团队的目标、驱动力、文化与价值观？该如何预防团队陷入平庸状态？我们给大家三个建议。

第一个建议是，及时发现小问题，把问题消灭在萌芽状态。

"破窗理论"告诉我们，如果不及时纠正管理中的小问题，就会带来一系列的大问题。原则每退让一步，管理的有效性就会大大降低。面对问题时的表态，我们把它称为管理者的"勇敢时刻"。对那些优秀人才而言，也没有什么法外之地，如果管理者顾及员工的业绩优秀，就选择法外开恩，其实是破坏了团队的原则与价值观。因此，一视同仁才是防止团队出现集体平庸的风控点。

第二个建议是，设置警戒线，设立安全阀，提前做好防范预案。

如何及时发现小问题？发现了小问题，我们该怎么办？答案是：设置警戒线，设立安全阀，在问题出现时第一时间予以解决，不要等到团队出现集体症状再采取行动。

以北京的雾霾天气应对措施为例。环保部门设置了黄色、橙色与红色预警，分别代表了中度、重度、严重雾霾天气状况。在不同的预警线下，分别注明不同的相对湿度指标和 PM2.5 指标，然后对应不同的交通管制、中小学放假、工厂企业减排措施。在不同级别下，采取有效应对措施，避免情况恶化，这种基于事实和数据的警戒线策略，可以有效应对雾霾天气的突发情况。因此，设置警戒线、设立安全阀、采取分级处理措施，就可以有效避免团队进入集体平庸状态。

第三个建议是，打造团队文化，形成人才辈出的团队行为和习惯。

人才是竞争出来的。要想让优秀的人才脱颖而出，要想避免团队进入平庸状态，必须建立有效的人才竞争机制。华为的"以奋斗者为本"，本质上是鼓励优秀的人才脱颖而出。因此，华为给那些愿意承担责任、愿意承受风险和压力、在不利的市场条件下做出优秀成果的员工，最快的提拔速度和最好的薪资待遇。不让人才吃亏，不让好人吃亏,这种正向的团队文化,鼓励了一批又一批的优秀员工脱颖而出。这也是让团队进入良性增长状态,走出集体平庸陷阱的根本之道。

第二关:充分激活个体。

要想让优秀的人才脱颖而出,还需要回到每个员工的特点和优势,真正地用人所长,让优秀的人才加速成长。如果用当下的流行语来说,就是激活个体。国内著名管理学家、北大国发院 EMBA 教授陈春花老师,还特意写了一本名为《激活个体》的书籍,介绍新生代员工的管理方法。

没错,员工需要激活,个体需要激活。以 90 后员工为例,他们与 60 后、70 后、80 后员工相比,独立性更强,创新思维更活跃,不喜欢循规蹈矩,更容易与移动互联发生意想不到的化学反应。这种情况下,管理者再用之前的"胡萝卜+大棒"的传统管理模式,就会出现很多问题。

因此,移动互联背景下,如何让优秀的人才脱颖而出,如何真正激活个体,就成为管理者的必修课。针对这个问题,我们曾访谈过上百位优秀的企业管理者。他们表示,要想真正激活个体,让优秀的人才脱颖而出,就要从意愿和能力两个维度,进行管理升级。

第一,意愿维度——如果员工不愿意,一切激活个体的策略都是一厢情愿。

激活个体的关键,不在于管理者的意愿有多强烈,而在于员工的意愿是否强烈。如果员工本身不想被激活,或者对管理者所提出的目标与路线图毫无感觉,这样的"激活个体"纯级浪费时间。管理者要认识到,员工本人的需求、目标和价值观,才是他能否被激活的内在动力。评委汪峰在《中国好声音》节目中,经常向学员提到一个问题——你的梦想是什么,这就是在了解需求。管理者对员工的需求了解得越深入,激活个体的效果就越好。

管理者该怎么做？首先，要了解员工的需求，清楚员工发展的阶段目标，围绕员工需求和目标，进行个体激活。其次，管理者要清楚员工的优势和劣势，取长补短，用人所长，避免陷入改造员工的误区。还有，管理者需要降低控制欲，不要把自己的标准强加到员工身上，变一言堂为互动沟通，这样的策略和方法，就能帮助管理者有效地激活个体。

第二，能力维度——员工的能力不是管理者"给予"的，而是生长起来的。

在很多管理者看来，员工的能力是他们培养出来的。其实，这是一个很大的误会。员工的能力培养，确实需要管理者的帮助，特别是管理者要给予员工机会，要给予必要的辅导和纠偏，帮助员工提升能力。但这不等于说，员工的能力就是管理者给予的。确切地说，员工的能力，是在管理者搭建的平台、机会、机制下，通过自己的努力，不断激活内在的优势和长处，通过一个又一个的任务达成，不断生长出来的。这才是员工能力提升的真相，也是激活个体的核心。因此，管理者需要做的，就是给予机会，给予平台，给予辅导和激励，让员工的能力得到最大限度的发挥。

管理者该怎么做？首先，要学会根据员工的能力和诉求，匹配相关的工作任务，匹配度越高，胜任度越强，员工的能力提升效果越好。其次，要帮助员工将复杂的问题简单化、标准化，帮助员工降低工作难度，提供有效的资源支持，让员工的能力提升速度更快。还有，管理者还要学会打造标杆和榜样，通过标杆和榜样，给团队成员起到示范效应，让优秀的人才"看得见、摸得着"，这样的能力提升有章可循、有样可学，就能起到事半功倍的效果。

在实际管理中，对管理者而言，意愿和能力两个维度都很重要。说到底，管理者需要根据员工的不同表现，采取相应的方法激活个体。

第十六章 技能与方法之八——人才培养，让优秀的人才脱颖而出

过程中，赛马不相马、尊重市场规律、保持开放心态、尊重时间规律，既不能拔苗助长，也不要叶公好龙，不断对照阶段成果改进提高。这样的激活个体，才是管理者应有的行为方式，也是激活个体成功的关键保障。

第三关：调整管理风格。

优秀的管理者，到底该是什么样的管理风格？这个问题很难回答，就如同一千个观众心中有一千个哈姆雷特一样。没有所谓"放之四海而皆准"的管理风格，只有更适合团队、更适合当下、更适合组织发展的管理风格。如果回到人才培养的层面，所谓好的管理风格，就是能让优秀的人才脱颖而出，让团队的整体绩效提升，这才是管理风格的应有之义。

要调整自己的管理风格，管理者需要学会识别团队的阶段目标和主要矛盾。对管理者而言，最大的挑战莫过于，在众多的"我想要"的目标中，选择当前最符合公司战略、最符合客户需求、最符合团队实际的主要目标。因此，这对管理者的决策力、判断力、执行力都提出了巨大挑战。而所谓主要矛盾，指的是基于阶段目标的前提下，要想达成目标，需要解决的首要问题。比如，团队的阶段目标是某方面的技术创新，那么，主要矛盾可能就是实现技术创新所需要的技术实力与当前团队创新力不足之间的矛盾，或者也可能是技术创新所需要的资金与公司研发预算不足之间的矛盾。从这个角度看，学会判断主要矛盾，学会从主要矛盾出发，寻找达成目标、解决问题的路径，对管理者非常重要。

从这个角度而言，在人才培养问题上，管理者也要确定团队的阶段目标和主要矛盾。如果团队的阶段目标是寻找优秀人才，那么，管理者确定招聘标准、参与面试环节、筛选优秀人才，就会成为当下的主要行动。那么，要不要以老眼光看人，要不要凭经验判断人，要不

要保持开放的心态,是苛求完美的人才,还是选择那些瑕不掩瑜的人才,等等,都需要管理者调整自己的风格。而调整管理风格的关键,在于管理者对当前团队主要矛盾的判断:如果时间紧、任务重,需要马上招人,那么,管理者就不能苛求完美;如果时间充足、招人是团队的一项长期战略,那么,擦亮眼睛、宁缺毋滥,就成为管理者的应有作风。因此,所谓的管理风格,并非一成不变。这也是领导者"权变"理论的应有之义。

在调整管理风格层面,还有一个重要的提醒:少一点自我偏好,多一点客观理性。管理者要问自己:团队需要的,是你喜欢的人才,还是岗位需要的人才?同时,考虑到团队人才的多样性,管理者需要"兼容并包、百花齐放",多从团队的阶段目标、主要矛盾、岗位胜任力角度考虑问题,减少因自我偏好所导致的认知偏差。培养团队真正需要的人才,这对管理者和组织都很重要。

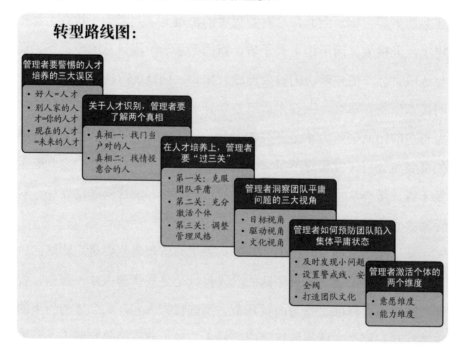

第十六章　技能与方法之八——人才培养，让优秀的人才脱颖而出

转型工具箱：赫兹伯格双因素理论模型

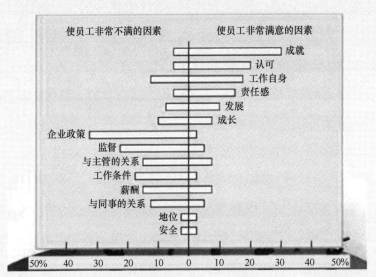

——出自《赫兹伯格的双因素理论》，弗雷德里克·赫茨伯格，中国人民大学出版社，2016.6

转型备忘录：

1. 本章学习完毕，让我收获最大的内容是：

2. 接下来，我将要聚焦改进的管理工作是：

3. 为达成更好的管理成果,我的行动措施是: